www.ingramcontent.com/pod-product-compliance
Lightning Source LLC
LaVergne TN
LVHW010428070526
838199LV00066B/5958
9789369084319

اسلام میں حقوقِ نسواں

Women's rights in Islam

(مضامین)

مرتبہ:

مکرم نیاز

© Taemeer Publications LLC

Women's rights in Islam (Essays)

by: Mukarram Niyaz

Edition: December '2024

Publisher :

Taemeer Publications LLC (Michigan, USA / Hyderabad, India)

ISBN 978-93-6908-431-9

مرتب یاناشر کی پیشگی اجازت کے بغیر اس کتاب کا کوئی بھی حصہ کسی بھی شکل میں بشمول ویب سائٹ پر اَپ لوڈنگ کے لیے استعمال نہ کیا جائے۔ نیز اس کتاب پر کسی بھی قسم کے تنازع کو نمٹانے کا اختیار صرف حیدرآباد (تلنگانہ) کی عدلیہ کو ہو گا۔

©تعمیر پبلی کیشنز

کتاب	:	**اسلام میں حقوقِ نسواں** (مضامین)
مرتب	:	**مکرم نیاز**
صنف	:	غیر افسانوی نثر
ناشر	:	تعمیر پبلی کیشنز (حیدرآباد، انڈیا)
سالِ اشاعت	:	۲۰۲۴ء
صفحات	:	۸۶
سرورق ڈیزائن	:	تعمیر ویب ڈیزائن

اسلام میں حقوقِ نسواں (مضامین) 5 مرتب : مکرم نیاز

فہرست

(۱) حقوق نسواں	-	6
(۲) اسلام میں حقوقِ نسواں	(مرصدِ ازہر)	16
(۳) قرآن وسنّت کی روشنی میں حقوقِ نسواں	رضوان اللہ پشاوری	19
(۴) اسلام میں عورتوں کے حقوق: غیروں کی نظر میں	تنویر خالد قاسمی	25
(۵) اسلام میں خواتین کے حقوق کا تحفظ	نعمان نعیم	35
(۶) حقوق نسواں: ایک اسلامی نقطۂ نظر	رابعہ تنویر	41
(۷) آزادیِ نسواں کی خود فریبی!	محمد اعجاز مصطفی	44
(۸) خواتین کا رجال سازی میں کردار	عصمت اللہ نظامانی	48
(۹) اسلام میں حقوق نسواں کا مکمل تحفظ	حمیرا علیم	55
(۱۰) تحریک حقوق نسواں کی بے اعتدالیاں	محمد شعیب ندوی	62
(۱۱) تحفظ، حرمتِ نسواں اور اسلام	سیدہ جنیفر رضوی	71

حقوق نسواں

-

اِنَّ الْحَمْدَ لِلّٰہِ نَحْمَدُہٗ وَنَسْتَعِیْنُہٗ وَ نَسْتَغْفِرُہٗ وَنَعُوْذُ بِاللّٰہِ مِنْ شُرُوْرِ اَنْفُسِنَا وَ مِنْ سَیِّئَاتِ اَعْمَالِنَا مَنْ یَّھْدِہِ اللّٰہُ فَلَا مُضِلَّ لَہٗ وَمَنْ یُّضْلِلْہُ فَلَا ھَادِیَ لَہٗ، وَ اَشْھَدُ اَنْ لَّا اِلٰہَ اِلَّا اللّٰہُ وَحْدَہٗ لَا شَرِیْکَ لَہٗ وَ اَشْھَدُ اَنَّ مُحَمَّدًا عَبْدُہٗ وَرَسُوْلُہٗ

﴿وَلَھُنَّ مِثْلُ الَّذِیْ عَلَیْھِنَّ بِالْمَعْرُوْفِ وَ لِلرِّجَالِ عَلَیْھِنَّ دَرَجَۃٌ ط وَ اللّٰہُ عَزِیْزٌ حَکِیْمٌ ۲۲۸﴾ [البقرۃ : ۲۲۸]

"اور عورتوں کے بھی ویسے ہی حق میں جیسے ان پر مردوں کے ہیں اچھائی کے ساتھ ہاں مردوں کو عورتوں پر فضیلت ہے اور اللہ تعالیٰ غالب ہے حکمت والا ہے۔"

اللہ تعالی نے قرآن حکیم میں متعدد مقامات پر اپنی یہ صفت بیان فرمائی ہے کہ اللہ تعالی ظالم نہیں۔ کہیں ان الفاظ میں اعلان فرمایا:

﴿اِنَّ اللّٰہَ لَا یَظْلِمُ مِثْقَالَ ذَرَّۃٍ ج﴾ [النساء:۴۰]

"یقیناً اللہ تعالی ایک ذرہ برابر ظلم نہیں کرتا۔"

کہیں ان الفاظ میں اس صفت کا اظہار فرمایا:

﴿وَمَا رَبُّکَ بِظَلَّامٍ لِّلْعَبِیْدِ﴾ (حم السجدۃ:۴۶)

"اور اللہ تعالیٰ اپنے بندوں پر ظلم نہیں کرتے۔"

کہیں تباہ شدہ قوموں کے حالات وواقعات بیان کر کے فرمایا:

﴿وَمَا ظَلَمَهُمُ اللّٰهُ وَلٰكِنْ كَانُوْا اَنْفُسَهُمْ يَظْلِمُوْنَ﴾ [النحل:۳۳]

"ان پر اللہ تعالی نے ظلم نہیں کیا بلکہ وہ خود اپنی جانوں پر ظلم کرتے رہے۔"

بہر حال اللہ تعالی ظالم نہیں۔ بلکہ اس نے لوگوں کو بھی ایک دوسرے پر ظلم کرنے سے منع فرمایا ہے:

﴿اِنَّهٗ لَا يُحِبُّ الظّٰلِمِيْنَ﴾ [الشوری:۴۰]

"بے شک اللہ تعالی ظالموں سے محبت نہیں کرتے۔"

اللہ تعالی ظلم نہیں کرتے بلکہ اس کا ہر حکم فیصلہ اور امر عدل وانصاف پر مبنی ہے:

﴿شَهِدَ اللّٰهُ اَنَّهٗ لَا اِلٰهَ اِلَّا هُوَ وَ الْمَلٰٓئِكَةُ وَ اُولُوا الْعِلْمِ قَآئِمًا بِالْقِسْطِ لَا اِلٰهَ اِلَّا هُوَ الْعَزِيْزُ الْحَكِيْمُ ۝۱۸﴾ [آل عمران: ۱۸]

"اللہ تعالی، فرشتے اور اہل علم اس بات کی گواہی دیتے ہیں کہ اللہ کے سوا کوئی معبود نہیں اور وہ عدل کو قائم رکھنے والا ہے اس غالب اور حکمت والے کے سوا کوئی عبادت کے لائق نہیں۔"

اسی لیے اللہ تعالی نے شریعت اسلامیہ میں ہر حق والے کو اس کا حق دیا ہے۔ امیر ہے یا غریب۔ ماں باپ ہیں یا اولاد شوہر ہے یا بیوی۔ سب کے حقوق موجود ہیں، حتی کہ بیماروں اور مردوں کے بھی حقوق مقرر کیے گئے ہیں:

(اِنَّ اللّٰهَ اَعْطٰى قَدْ كُلَّ ذِي حَقٍّ حَقَّهُ) [سنن ابی داؤد، کتاب الوصایا، باب ما جاء في الوصية للوارث، رقم:۲۸۷۰]

"یقینا اللہ تعالی نے ہر حق والے کو اس کا حق (دینے کا حکم) دیا ہے۔"

دین اسلام میں ہر کسی کا حق عدل وانصاف کے عین مطابق ہے۔ لیکن آج دنیا کے

سب سے بڑے ظالم انسانوں نے حقوق کا جعلی پرچم اٹھا رکھا ہے۔ وہ کبھی انسانی حقوق کے علمبردار بنے پھرتے ہیں اور کبھی حقوق نسواں کے ٹھیکیدار۔

جو خود انسانوں پر عموماً اور عورتوں پر خصوصاً ظلم زیادتی کے پہاڑ توڑنے والے ہیں۔ جن کے ہاں قبل از اسلام اور بعد از اسلام عورت کا تصور تحقیر پہنی ہے وہ عورتوں کو کیا حقوق دیں گے عورتوں کو اسلام نے صحیح اور درست حقوق دیے ہیں۔

اور اہل کفر نے دور جاہلیت میں بھی اور آج کے دور جدید میں بھی عورت کو منڈی اور بازار کا مال بنا کر ذلیل اور رسوا کرنے کے سوا کچھ نہیں دیا۔

ان کے ہاں تو عورت سامان تفریح و لذت کے سوا کچھ نہیں۔

عیسائیوں میں عورتوں کا تصور:

عیسائیوں کو دیکھئے ان کے نزدیک عورت سے نفرت اور دوری عبادت ہے۔ اس لیے انہوں نے رہبانیت میں ترک نکاح کو شرط قرار دے رکھا ہے۔

یہودیوں میں عورتوں کی حیثیت:

یہودیوں کا یہ حال تھا کہ ناپاکی کے مخصوص ایام میں بیویوں کو الگ تھلگ کر دیتے۔ نہ ان کے پاس بیٹھتے نہ ان کے ساتھ مل کر کھاتے۔ اسے انتہائی ذلیل سمجھتے ہوئے بالکل علیحدہ کر دیتے۔ جبکہ اسلام نے عورت کے مخصوص ایام میں صرف مباشرت پر پابندی لگائی۔ باقی امور میں میاں بیوی کو اکٹھے رہنے کی تعلیم دی۔ اکٹھے بیٹھیں، اکٹھے کھائیں، ایک برتن میں پئیں، ایک بستر پر آرام کریں۔۔۔۔

اسلام میں عورت کا مقام:

اسلام نے ہر اعتبار سے عورت کو مقام دیا۔ صحیح مسلم اٹھایئے امام الانبیاء ﷺ نے فرمایا:

(الدُّنْيَا كُلُّهَا مَتَاعٌ وَخَيْرُ مَتَاعِ الدُّنْيَا الْمَرْأَةُ الصَّالِحَةُ)[صحیح مسلم، کتاب الرضاع، باب خیر متاع الدینا المرأة الصالحة:(۱۴۶۷) وابن ماجه (۱۸۵۵) والنسائي (۳۲۳۲)]

"دنیا ساری کی ساری (عارضی) مال و متاع ہے اور دنیا کا بہترین سامان نیک عورت ہے۔"

پھر عورت کو ماں، بہن، بیٹی اور بیوی کی حیثیت سے وہ مقام حاصل ہے جو کسی مذہب اور دین میں نہیں:

پوچھنے والا پوچھتا ہے: مَنْ أَبَرُّ سب سے بڑھ کر کس کی خدمت کروں۔ کس سے حسن سلوک کروں۔ فرمایا: "اپنی ماں کی خدمت کرو۔" تین بار یہی جواب دیا۔ اس نے چوتھی بار پوچھا تو پھر فرمایا: "اپنے باپ کی خدمت کرو۔"[صحیح البخاري، کتاب الادب، باب من أحق الناس بحسن الصحبة:(۵۹۷۱) ومسلم (۲۵۴۸)]

غور کیجیے! بحیثیت ماں عورت کو باپ سے بھی زیادہ حق اسلام نے دیا ہے اور صرف یہی نہیں ماں کی وساطت سے نانی اور خالہ کو اور باپ کی وساطت سے دادی اور پھوپھی کو بھی بڑا مقام و مرتبہ حاصل ہے۔

بیوی کی حیثیت سے دیکھیے:

حضرت عثمان رضی اللہ تعالی عنہ کو غزوہ بدر سے پیچھے رکھا گیا۔ کس لیے؟ اپنی بیوی کی تیمارداری کے لیے۔ اور رسول اللہ ﷺ نے فرمایا: "تم اپنی بیوی کی عیادت و تیمارداری کرو۔ بدر کے غازیوں کو جو دنیوی اجر (مال غنیمت) اور آخری اجر و ثواب ملے گا وہ آپ کو گھر بیٹھے ملے گا۔[صحیح البخاری، کتاب فرض الخمس، باب اذا بعث الإمام رسولا۔۔۔۔ الخ، رقم:۳۱۳۰]

کیسی عمدہ تعلیم ہے اور بحیثیت بیوی عورت کا کیسا مقام و مرتبہ ہے کہ بیوی کی

تیمارداری کی خاطر شوہر کو اہم ترین تاریخی معرکے سے پیچھے رہنے کا حکم دیا جارہا ہے اور ساتھ ساتھ اجر وثواب کی پوری گارنٹی دی جارہی ہے۔

آپ ﷺ اپنی ازواج مطہرات رضی اللہ تعالی عنہ سے بہت محبت کرتے، ان سے مشورے لیتے۔ حدیبیہ کا موقع ہے مشرکوں سے معاہدہ ہوگیا کہ مسلمان آئندہ سال عمرہ کریں گے اور اس سال بغیر عمرہ کے ہی واپس جائیں گے۔ تو آپ ﷺ لوگوں کو حکم دیتے ہیں: "جانور قربان کردو سر منڈ والو اور احرام کھول کر عام لباس پہن لو۔"

لیکن لوگ سمجھتے ہیں یہ معاہدہ ابھی منسوخ ہو جائے گا۔ لوگ منتظر ہیں آپ ﷺ اس کیفیت سے پریشان ہو کر اپنی ایک زوجہ مطہرہ (حضرت عائشہ رضی اللہ تعالی عنہا) کے خیمے میں تشریف لاتے ہیں اور اس سے مشورہ کرتے ہیں۔ آپ ﷺ کی زوجہ مطہرہ رضی اللہ تعالی عنہ مشورہ دیتی ہیں: آپ ﷺ لوگوں کے سامنے خود یہ تینوں کام کریں لوگوں کو یقین ہو جائے گا کہ معاہدہ منسوخ نہیں ہوگا اور لوگ فوراً یہ کام کر لیں گئے۔ آپ ﷺ نے بیوی کے مشورے پر عمل فرمایا، پس لوگوں نے فوراً عمل کر لیا۔ اونٹ ذبح کر لیے سر منڈ والیے اور احرام کھول دیئے۔ [صحیح البخاري، کتاب الشروط، باب الشروط في الجهاد الخ، رقم: ۲۷۳۱، ۲۷۳۲]

اور بیوی کو یہ مقام بھی حاصل ہے کہ اس کا کھانا، پینا، پہننا، رہائش اور گھریلو سہولتیں شوہر کے ذمے لگا دی گئی۔ بیوی عزت و وقار سے گھر بیٹھے، شوہر مزدوری، تجارت اور کاروبار کرے اور جس طرح کا خود کھائے اور پہنے اسی طرح کا بیوی کو کھلائے اور پہنائے۔ یہ نہیں کہ شوہر خود تو ہوٹلوں میں اعلیٰ قسم کے کھانے کھائے اور بیوی کو ہمیشہ دال روٹی پر رکھئے یہ قطعاً جائز نہیں۔ آپ ﷺ نے تو یہاں تک فرمایا:

(خَيْرُكُمْ خَيْرُكُمْ لِأَهْلِهِ وَأَنَا خَيْرُكُمْ لِأَهْلِي) [جامع الترمذي، کتاب المناقب، باب فضل

أزواج النبي ﷺ (۳۸۹۵) و صحیح الجامع الصغیر (۳۳۱۴)]

"تم میں سے بہتر وہ ہے جو اپنے گھر والوں کے لیے بہتر ہو۔"

غور کیجئے! یہ حدیث بیویوں سے جملہ حقوق کے سلسلے میں کس قدر جامع حدیث ہے کہ آپ ﷺ فرما رہے ہیں تم میں سے اچھا بہتر افضل اور ارفع وہ ہے جو (عبادات واجبات اور فرائض کے ساتھ ساتھ) اپنے گھر والوں کے لیے اچھا ہو یعنی بیوی کے حقوق کا صحیح خیال رکھنے والا ہو اور پھر آپ نمونہ پیش فرماتے ہیں: کہ میں تم سب سے بڑھ کر اپنے گھر والوں کے حق میں بہتر ہوں۔

بیٹی کی حیثیت سے دیکھئے:

دور جاہلیت میں لوگ بچیوں سے نفرت کرتے اور انہیں زندہ در گور کرتے تھے لیکن اسلام نے کیسی تعلیم و تربیت دی۔ ذہن ہی بدل ڈالے۔ محسن انسانیت نے فرمایا:

(مَنِ ابْتُلِيَ بِهٰؤُلَاءِ الْبَنَاتِ)

"جسے بیٹیاں دے کر آزمایا گیا اور اس نے ان کی خوب پرورش کی۔ (انہیں تربیت دی، انہیں آداب سکھلائے اور ان کی درست دیکھ بھال کی)

(کُنَّ لَہٗ سِتْرًا مِّنَ النَّارِ)

"وہ بچیاں اس کے لیے آگ کی راہ میں رکاوٹ بن جائیں گی۔"[صحیح البخاري، کتاب الزکاة، باب اتقوا النار ولو بشق تمرة (۱۴۱۸) و مسلم (۲۱۲۹)]

اور حقوق نسواں کے حقیقی علمبردار رسول عربی ﷺ نے فرمایا:

"جس نے دو بیٹیوں کی پرورش کی میں اور وہ قیامت کے دن ان دو انگلیوں کی طرح قریب ہوں گے۔"[صحیح الترغیب والترہیب (۱۹۷۰) و صحیح ابن حبان (۴۴۸)]

کیسی زبردست تعلیم ہے حقوق نسواں کی اور اسی تعلیم کا نتیجہ تھا کہ بیٹیوں کو زندہ

در گور کرنے والے عرب کے وہ بگڑے ہوئے لوگ بچیوں کے حقوق کے محافظ اور پہرہ دار بن گئے حتی کہ مرتے وقت بیٹیوں کے حقوق کی تاکیدی وصیت کرنے والے بن گئے۔

صحیح البخاری اٹھائیے، حضرت عبداللہ رضی اللہ تعالی عنہ غزوہ احد سے ایک دن قبل اپنے لخت جگر حضرت جابر رضی اللہ تعالی عنہ کو مخاطب کر کے فرماتے ہیں: بیٹا جابر! مجھے محسوس ہو رہا ہے کہ کل جب میدان گرم ہو گا تو سب سے پہلا شہید میں ہوں گا۔ بیٹا جابر! میرے بعد میری بیٹیوں کا (اپنی بہنوں) کا خصوصی خیال رکھنا ان کی پرورش اور تربیت میں کوتاہی نہ کرنا۔۔۔۔[صحیح البخاری، کتاب الجنائز، باب ہل یخرج المیت من القبر واللحد لعلۃ، رقم:۱۳۵۱]

بہن کی حیثیت سے دیکھئے:

قبل از اسلام لوگ بہنوں کی حق تلفی کیا کرتے تھے بہنوں پر کئی طرح سے ظلم کیا کرتے تھے کئی لوگ بہن کا حق وراثت کھا جاتے تھے۔ لیکن دین اسلام نے حق دیا۔ ارشاد باری تعالی ہے:

﴿لِلرِّجَالِ نَصِيبٌ مِّمَّا تَرَكَ الْوَالِدَانِ وَالْأَقْرَبُونَ ۞ وَلِلنِّسَاءِ نَصِيبٌ مِّمَّا تَرَكَ الْوَالِدَانِ وَالْأَقْرَبُونَ مِمَّا قَلَّ مِنْهُ أَوْ كَثُرَ ۞ نَصِيبًا مَّفْرُوضًا﴾ [النساء:۷]

"ماں باپ اور خویش واقارب کے ترکہ میں مردوں کا حصہ بھی ہے اور عورتوں کا حصہ بھی ہے (یعنی اس مال میں سے جو ماں باپ اور خویش واقارب چھوڑ کر جائیں) خواہ وہ مال کم ہو یا زیادہ (اس میں) حصہ مقرر کیا ہوا ہے۔"

لیکن دور قدیم کی طرح دور حاضر کے کافر (ہندو وغیرہ) بھی بہنوں کا حق وراثت کھا رہے ہیں اور ہندوؤں سے متاثر ہو کر بعض مسلمان بھی اس ظلم کا ارتکاب کر رہے ہیں

جبکہ اسلام نے عورتوں کے حق وراثت کا تحفظ کیا ہے اور عورتوں کو وراثت دینے کی خصوصی تلقین کی ہے۔

بہر حال اہل کفر کے ہاں قدیم اور جدید دور میں عورتوں پر ظلم ہی کیا جاتا ہے:

صرف واویلا،۔۔۔ حقوق۔۔۔۔ حقوق۔۔۔۔۔ حقوق۔

اور وہ کون سے حقوق؟ ان کے نزدیک حقوق نسواں یہ ہیں: کہ عورت بے پردہ گھومے، ہوس کا نشانہ بنے) مردوں کے شانہ بشانہ مال کھانے کے لیے کارخانوں اور فیکٹریوں میں کام کرے، دفتروں اور آفسوں میں اغیار کی نوکری کرے، بن ٹھن کر، بناؤ سنگھار کر کے بنو اسرائیل کی گائے کی طرح (تَسُرُّ النّٰظِرِیۡنَ) کا کردار ادا کرے جب تک وہ خوبرو اور جوان ہو، ہر کوئی اسے استعمال کرے جب وہ بوڑھی ہو جائے تو لاوارث ہو کر کسی ہسپتال یا پرورش کنندہ ادارے میں کسمپرسی کے عالم میں ایڑیاں رگڑ رگڑ کر جان دے، نہ وہ ماں ہو، نہ وہ بیوی ہو، نہ وہ بہن ہو اور نہ وہ بیٹی ہو۔۔۔۔۔ یہ ہے وہ ذلت جو حقوق نسواں کے جعلی علمبرداروں نے حقوق کے نام پر عورت کو دی ہے۔

یاد رکھئے! صرف اسلام نے عورت کو مقام دیا ہے اس کی عصمت وعفت کی حفاظت کی ہے اس کی ضروریات کا سارا بوجھ مرد پر ڈالا ہے۔ اسے گھر کی ملکہ کی حیثیت سے بچوں کی تربیت کنندہ اور شوہر کی خدمت گزار بنایا ہے اور شوہر کو اس کا رکھوالا اور محافظ مقرر کیا ہے۔

اور اسلام نے عورت پر جو پابندیاں عائد کی ہیں وہ باپردہ رہے، سنگھار کر کے باہر نہ نکلے اور ویسے بھی حتی الامکان گھر کی چار دیواری میں رہے شوہر یا محرم کے بغیر سفر نہ کرنے مردوں سے (بوقت ضرورت) بات کرے تو سخت لہجے میں کرے، نرمی اور لچک نہ دکھلائے۔ یہ ساری پابندیاں عورت کی عزت، عصمت اور عفت کی حفاظت کے لیے

ہیں۔ اس کے مقام و مرتبہ کو بلند و بالا کرنے کے لیے ہیں۔ اسے شریروں اور بدکاروں سے بچانے کے لیے ہیں۔ اور ان پابندیوں پر عمل کرنے سے عورت کا سلیم الفطرت شوہر کے ہاں مقام و مرتبہ بلند ہو جاتا ہے۔ غیرت مند باپ کے ہاں اس کا تقدس بڑھ جاتا ہے۔ غیور بھائی کے ہاں اس کی عزت زیادہ ہو جاتی ہے اور سب سے بڑا اعزاز یہ ہے کہ ایسی صورت رب کائنات کے ہاں نیک اور صالح قرار پاتی ہے اور فردوس وعدن کی وارث بن جاتی ہے۔

لٰہذا یہ پابندیاں عورت پر ظلم نہیں بلکہ عورت کے حق میں فضل و احسان ہیں۔ آج مغربی ممالک میں اسلام قبول کرنے والوں میں سب سے بڑی تعداد عورتوں کی ہے کیوں؟ اس لیے کہ عورتوں نے جان لیا ہے کہ مغرب نے عورتوں کو حقوق نسواں کے جعلی نعرے کے ساتھ بر سر بازار ذلیل اور رسوا کیا ہے۔ اسے منڈیوں مارکیٹوں بازاروں اور دفتروں میں دھکے کھانے پر آمادہ کیا ہے۔ اسے باوفا بیوی اور تربیت کنندہ ماں بننے کی بجائے گندی محبت و عشق کی دلدل میں دھکیلا ہے۔ اس لیے جو مغربی کافرہ عورت معمولی سا اسلام کو پہچانتی ہے وہ اسلام قبول کر لیتی ہے۔

ایک سچا واقعہ:

ایک شخص جاپان میں رہتا تھا اس نے ایک جاپانی عورت کو اسلامی لٹریچر مہیا کیا وہ خاتون مسلمان ہو گئی، بعد میں اس شخص نے اس سے شادی کر لی اسے عزت کے ساتھ گھر بٹھایا۔ اس کی تمام ضروریات کا ذمہ اٹھایا۔ وہ عورت قبل از قبول اسلام ایک فیکٹری میں کام کرتی تھی اس کی سہیلیاں اس کی خبر لینے کے لیے آئیں۔ پوچھا: آپ فیکٹری میں کام پر کیوں نہیں آرہی؟ اس عورت نے ساری تفصیل سنائی کہ میں اسلام قبول کر چکی ہوں میرے شوہر نے اسلامی تعلیمات کے مطابق میری تمام ضروریات اپنے ذمے لے لی

ہیں۔ وہ میری خاطر کام کرتا کماتا اور محنت کرتا ہے اور میں اس کی خاطر کھانا پکاتی، اس کے کپڑے تیار کرتی اور اس کی آمد کا انتظار کرتی ہوں۔ وہ میرے لیے مصروف اور میں اس کے لیے محو خدمت ہوں۔ لہٰذا مجھے اب فیکٹری میں کام کرنے، اغیار کی غلامی کرنے اور دوسروں کی نوکری کرنے کی کیا ضرورت ہے؟ جب اس کی سہیلیوں نے یہ تفصیل سنی تو بے ساختہ پکار اٹھیں ایسے پیارے دین (اسلام) کی تعلیم ہمیں بھی دو اور ہمارے لیے بھی مسلمان شوہر تلاش کرو۔

یہ ہے اسلام اور یہ ہے اسلام میں عورت کا مقام۔۔۔ اللہ رب العزت کی بارگاہ میں دعا ہے کہ اللہ ہماری ماؤں، بہنوں اور بہو، بیٹیوں کو مغرب کا نقال بننے سے بچائے اور اسلامی تہذیب کو قبول کرنے اور اس پر فخر کرنے کی توفیق بخشے۔

***

اسلام میں حقوقِ نسواں
(مرصدِ ازہر)

اسلام نے عورت کو اعلیٰ مقام دیا، عورت کو جتنی عزت، رتبہ اور مقام اسلام میں حاصل ہے وہ کسی اور مذہب میں نہیں، اسلام کی آمد سے قبل عورت بہت مظلوم اور معاشرتی و سماجی عزت و احترام سے محروم تھی، اسے تمام برائیوں کا سبب اور قابل نفرت تصور کیا جاتا تھا، لیکن ظہور اسلام اور اس کی مخصوص تعلیمات کے ساتھ عورت کی زندگی ایک نئے مرحلہ میں داخل ہوئی جو زمانہ جاہلیت سے بہت مختلف تھی۔

اسلام نے عورت کو خواہ ماں ہو، بیٹی ہو یا بہن ہو سب کے حقوق عطا کیے۔ اسلام میں عورتوں کے مختلف حقوق ہیں:-

معاشی حقوق:

دیگر معاشروں نے عورت کے مقام کو مٹانے کی کوشش کی تو اس کے برعکس اسلامی معاشرہ نے بعض حالتوں میں اسے مردوں سے زیادہ فوقیت اور عزت و احترام عطا کیا ہے، اسلام تمام تر معاشی ذمہ داریاں مرد کو سونپتا ہے، اور عورت پر کمانے کی ذمہ داری بالکل نہیں عائد کرتا، اسی طرح اسلام عورت کو کاروبار اور دیگر قسم کے کام کرنے کی اجازت بھی دیتا ہے، اس سلسلے میں ام المؤمنین حضرت خدیجہ رضی اللہ عنہا کی مثال ہمارے سامنے ہے، وہ اپنے دور میں مکہ کی مالدار کاروباری خواتین میں شمار ہوتی تھیں اور

نبی کریم صلی اللہ علیہ وسلم ان کی جانب سے کاروباری ذمہ داریاں سرانجام دیتے رہے۔

وراثت میں عورتوں کا حق:

بعض مذہبوں کے پیشِ نظر وراثت میں عورت کا کوئی حق نہیں ہوتا، لیکن ان مذہبوں اور معاشروں کے برعکس اسلام نے وراثت میں عورتوں کا باقاعدہ حصہ دلوایا، اسلام نے آج سے صدیوں پہلے ہی عورت کو وراثت کا حق دیا، اگر آپ قرآن کا مطالعہ کریں تو آپ دیکھیں گے کہ سورہ بقرہ، سورہ نسا اور سورہ مائدہ میں واضح طور پر بتایا گیا ہے کہ عورت بیوی کی حیثیت سے، بہن اور بیٹی کی حیثیت سے وراثت میں حصہ دار ہے، اور اللہ تعالی نے ان کا حصہ قرآن میں مقرر فرمادیا ہے۔

عورتوں کے تمدنی حقوق:

اسلام نے عورت کو بڑی حد تک آزادی دی ہے۔ نکاح کے سلسلے میں لڑکیوں کی مرضی اور ان کی اجازت ہر حالت میں ضروری قرار دی گئی ہے۔ ارشاد نبوی ﷺ ہے کہ

لَا تُنْکَحُ الْاَیِمُ حَتّٰی تُسْتَاْمَرُ وَلَا تُنْکَحُ الْبِکْرُ حتی تُسْتَاْذَن"۔

ترجمہ: (بیوہ عورت کا نکاح اس وقت تک نہ کیا جائے جب تک کہ اس سے مشورہ نہ لیا جائے اور کنواری عورت کا نکاح بھی اس کی اجازت حاصل کیے بغیر نہ کیا جائے)۔

حسن معاشرت و حسن سلوک کا حق

زمانہ جاہلیت میں عورت کی حالت بدترین تھی اس کو پاؤں کی جوتی سمجھا جاتا تھا اور اس کی معاشرے میں کوئی عزت تھی، اور نہ ہی اس کو عزت کی نگاہ سے دیکھا جاتا تھا مگر اللہ تعالی کا عورت پر یہ احسان ہے کہ اس نے اپنے پیارے نبی حضور ﷺ کو دنیا میں بھیجا جنھوں نے عورت کو معاشرے میں وہ عزت دلائی جس کی وہ حقدار تھی۔ قرآن میں

حکم دیا گیا ہے کہ "

"وَعَاشِرُوهُنَّ بِالْمَعْرُوفِ فَاِنْ كَرِهْتُمُوهُنَّ فَعَسَىٰٓ اَنْ تَكْرَهُوا شَيْـًٔا وَّيَجْعَلَ اللّٰهُ فِيْهِ خَيْرًا كَثِيْرًا"۔ (النساء:۲۰)

ترجمہ: (اور عورتوں کے ساتھ حسنِ معاشرت کے ساتھ زندگی گزارو، اگر وہ تم کو ناپسند ہوں تو ممکن ہے کہ تم کوئی ناپسند کرو اور اللہ اس میں خیر کثیر رکھ دے)۔

غرض یہ کہ اسلام نے عورت کو وہ مقام بخشا ہے جس کی وہ حقدار تھی اور اسلام ان تمام الزامات کا بھی رد کرتا ہے جو دوسرے لوگوں کی طرف سے یا مستشرقین کی طرف سے اسلام پر لگائے جاتے ہیں کہ وہ عورتوں کے حقوق کو پامال کرتا ہے۔ اسلام نے نہ صرف ان تمام الزامات کا رد فرمایا بلکہ دنیا کے سامنے عورت کو وہ مقام مرتبہ فراہم کیا جس کی نظیر دنیا کے کسی بھی مذہب میں موجود نہیں۔ آج سے چودہ سو برس پہلے عہد جاہلیت میں، اسلام کی انقلابی تعلیمات نے عورت کو اس کے حقیقی حقوق اور اصل مرتبہ عطا کیا۔ اپنے آغاز سے لے کر آج تک، اسلام کا مقصد ہمیشہ یہ رہا ہے کہ خواتین کے حوالے رسے ہماری سوچ، ہمارے خیالات ، ہمارے احساسات اور ہمارے طرز زندگی میں بہتری لائی جائے اور معاشرے میں خاتون کا مقام بلند سے بلند تر کیا جائے۔

***

قرآن و سنّت کی روشنی میں حقوقِ نسواں

مولانا رضوان اللہ پشاوری

اسلام میں مسلمان عورت کا بلند مقام اور سماجی زندگی میں مؤثر کردار ہے۔

صالح معاشرے کی بنیاد رکھنے میں عورت ہی پہلا مکتب ہے، جب وہ کتاب اللہ اور سنت رسولؐ پر عمل پیرا ہو۔ کیوں کہ کتاب اللہ اور سنّت رسول ﷺ کو تھام لینا ہی ہر جہالت و گم راہی سے دُوری کا سبب ہے۔ قرآن مجید میں عورت کی اہمیت اور مقام کے بارے میں کئی ایک آیات موجود ہیں۔ عورت خواہ ماں، بہن، بیوی یا بیٹی ہو، اسلام نے ان میں سے ہر ایک کے حقوق و فرائض کو تفصیل سے بیان کر دیا ہے۔

ماں کا شُکر ادا کرنا، اس کے ساتھ نیکی سے پیش آنا اور خدمت کرنا عورت کے اہم ترین حقوق میں سے ہے۔ حسن سلوک اور اچھے اخلاق سے پیش آنے کے سلسلے میں ماں کا حق باپ سے زیادہ ہے، کیوں کہ بچے کی پیدائش اور تربیت کے سلسلے میں ماں کو زیادہ تکالیف کا سامنا کرنا پڑتا ہے اور اسلام نے ان تمام تکالیف کو سامنے رکھتے ہوئے ماں کو زیادہ حسن سلوک کا مستحق قرار دیا، جو اسلام کا عورت پر بہت بڑا احسان ہے۔

اسلام نے عورت کو نا صرف حقوق دیے، بل کہ ترغیب و ترہیب کے ساتھ اسے ادا کرنے کا حکم بھی صادر کیا ہے۔

عورتوں کو زندہ رکھنے کا حق: عورت کا جو حال عرب میں تھا وہی پوری دنیا میں تھا،

عرب کے بعض قبائل لڑکیوں کو دفن کر دیتے تھے۔ قرآن مجید نے اس پر سخت تہدید کی اور اسے زندہ رہنے کا حق دیا اور تنبیہ کی کہ جو شخص اس کے حق سے رُوگردانی کرے گا، قیامت کے دن خدا کو اس کا جواب دینا ہوگا۔ ارشاد باری تعالی کا مفہوم ہے کہ اس وقت کو یاد کرو جب کہ اس لڑکی سے پوچھا جائے گا جسے زندہ دفن کیا گیا تھا کہ کس جرم میں اسے مارا گیا۔

ایک طرف ان معصوم کے ساتھ کی گئی ظلم و زیادتی پر جہنم کی وعید سنائی گئی تو دوسری طرف ان لوگوں کو جنّت کی بشارت دی گئی، جن کا دامن اس ظلم سے پاک ہو اور لڑکیوں کے ساتھ وہی برتاؤ کریں جو لڑکوں کے ساتھ کرتے ہیں اور دونوں میں کوئی فرق نہ کریں۔ حضرت عبداللہ ابن عباسؓ فرماتے ہیں کہ نبی کریمؐ نے فرمایا کہ جس شخص کی لڑکی ہو وہ نہ تو اسے زندہ درگور کرے اور نہ اس کے ساتھ حقارت آمیز سلوک کرے اور نہ اس پر اپنے لڑکے کو ترجیح دے تو اللہ تعالیٰ اسے جنّت میں داخل کرے گا۔

عورت بہ حیثیت انسان: اسلام نے عورت پر سب سے پہلا احسان یہ کیا کہ عورت کی شخصیت کے بارے میں مرد و عورت دونوں کی سوچ اور ذہنیت کو بدلا۔ انسان کے دل و دماغ میں عورت کا جو مقام و مرتبہ اور وقار ہے اس کو متعین کیا۔ اس کی سماجی، تمدنی، اور معاشی حقوق کا فرض ادا کیا۔ قرآن میں ارشاد ربانی کا مفہوم: "اللہ نے تمھیں ایک انسان (حضرت آدمؑ) سے پیدا کیا اور اسی سے اس کی بیوی کو بنایا۔" (النساء)

اس بنا پر انسان ہونے میں مرد و عورت سب برابر ہیں۔ یہاں پر مرد کے لیے اس کی مردانگی قابلِ فخر ہے اور نہ عورت کے لیے اس کی نسوانیت باعثِ عار۔ انسان کی حیثیت سے دونوں اپنی خلقت اور صفات کے لحاظ سے فطرت کا عظیم شاہ کار ہیں۔

عورتوں کی تعلیم کا حق: انسان کی ترقی کا دارومدار علم پر ہے کوئی بھی شخص یا قوم بغیر

علم کے زندگی کی تگ و دو میں پیچھے رہ جاتا اور مادی ترقی کا کوئی امکان نظر نہیں آتا۔ اسلام نے علم کو فرض قرار دیا اور مرد و عورت دونوں کے لیے اس کے دروازے کھولے اور جو بھی اس راہ میں رکاوٹ و پابندیاں تھیں، سب کو ختم کر دیا۔ اسلام نے لڑکیوں کی تعلیم و تربیت کی طرف خاص توجہ دلائی اور اس کی ترغیب دی۔ رسول کریمؐ نے فرمایا علم کی طلب مرد و زن دونوں پر فرض ہے۔

رسول اکرمؐ نے فرمایا: جس نے تین لڑکیوں کی پرورش کی ان کو تعلیم و تربیت دی، ان کی شادی کی اور ان کے ساتھ (بعد میں بھی) حسن سلوک کیا تو اس کے لیے جنّت ہے۔ اسلام مرد و عورت دونوں کو مخاطب کرتا ہے اور اس نے ہر ایک کو عبادت اخلاق و شریعت کا پابند بنایا ہے جو کہ علم کے بغیر ممکن نہیں۔ علم کے بغیر عورت نہ تو اپنے حقوق کی حفاظت کر سکتی ہے اور نہ ہی اپنی ذمے داریوں کو ادا کر سکتی ہے، اس لیے مردوں کے ساتھ عورتوں کی تعلیم بھی نہایت ضروری ہے۔

معاشرتی میدان: جس طرح دیگر معاشروں نے عورت کو کانٹے کی طرح زندگی کی راہ گزر سے ہٹانے کی کوشش کی تو اس کے برعکس اسلام نے بعض حالتوں میں اسے مردوں سے زیادہ فوقیت اور عزت و احترام عطا کیا ہے۔ نبی کریم ﷺ جو عالمِ دنیا کے لیے رحمت بن کر تشریف لائے آپؐ نے اس مظلوم طبقے کو یہ مژدہ جاں فزا سنایا، مفہوم: "مجھے دنیا کی چیزوں میں سے عورت اور خُوش بُو پسند ہے اور میری آنکھوں کی ٹھنڈک نماز میں ہے۔"

اس سے ثابت ہوتا ہے کہ عورت سے بے زاری اور نفرت کوئی زہد و تقویٰ کی دلیل نہیں ہے، انسان خدا کا محبوب اس وقت ہو سکتا ہے جب وہ اللہ کی تمام نعمتوں کی قدر کرے جن سے اس نے اپنے بندوں کو نوازا ہے، اس کی نظامت اور جمال کا متمنی ہو اور

عورتوں سے صحیح و مناسب طریقے سے پیش آنے والا ہو۔ یہی وجہ ہے کہ مرد اور عورت دونوں کے لیے نکاح کو لازم قرار دیا گیا ہے۔

معاشرہ میں عزت معاشی حیثیت کے لحاظ سے ہوتی ہے۔ جو جاہ و ثروت کا مالک ہے، لوگ اس کو عزت کی نگاہ سے دیکھتے ہیں اور جس کے پاس نہیں ہے لوگ اس کے قریب سے گزرنا بھی گوارا نہیں کرتے، عزت کرنا تو دور کی بات ہے۔

اسے دنیا کے تمام سماجوں اور نظاموں نے عورت کو معاشی حیثیت سے بہت ہی کم زور رکھا، سوائے اسلام کے، پھر اس کی یہی معاشی کم زوری اس کی مظلومیت اور بے چارگی کا سبب بن گئی۔ مغربی تہذیب نے عورت کی اسی مظلومیت کا مداوا کرنا چاہا۔ اور عورت کو گھر سے باہر نکال کر انہیں فیکٹریوں اور دوسری جگہوں پر کام پر لگا دیا۔ اس طرح سے عورت کا گھر سے باہر نکل کر کمانا بہت سی دیگر خرابیوں کا سبب بن گیا، ان حالات میں اسلام ہی ایک ایسا مذہب ہے جس نے راہِ اعتدال اختیار کیا۔

عورت کا نان نفقہ: عورت کا نان نفقہ ہر حالت میں مرد کے ذمے ہے۔ اگر بیٹی ہے تو باپ، بہن ہے تو بھائی، اور بیوی کا اس کے شوہر پر نان و نفقہ واجب کر دیا گیا اور اگر ماں ہے تو اس کے اخراجات اس کے بیٹے کے ذمے ہیں۔

عورت کا حق مہر: عورت کا حقِ مہر ادا کرنا مرد پر لازم قرار دیا گیا ہے۔ قرآن کریم میں ارشاد باری کا مفہوم: "عورتوں کا ان کا حقِ مہر خوشی سے ادا کرو اگر وہ اپنی خوشی سے اس میں سے کچھ حصہ تمہیں معاف کر دیں تو اس کو خوشی اور مزے سے کھاؤ۔" (النساء)

وراثت میں عورت کا حق: اسلام نے وراثت میں عورتوں کا باقاعدہ حصہ دیا۔ اس کے لیے قرآن میں ارشاد ہوا ہے کہ مرد کو عورتوں کے دو برابر حصے ملیں گے۔ یعنی عورت کا حصہ مرد سے آدھا ہے اور باقاعدہ وراثت کی حق دار ہے۔

مال و جائیداد کا حق: اس طرح عورت کو مہر سے اور وراثت سے جو کچھ مال ملے، وہ پوری طرح سے اس کی مالک ہے، کیوں کہ اس پر کسی بھی طرح کی معاشی ذمے داری نہیں ہے، بل کہ وہ سب سے حاصل کرتی ہے، اس لیے یہ سب اس کے پاس محفوظ ہے۔

اگر مرد کا وراثت میں دگنا حصہ ہے، مگر اسے ہر حال میں عورت پر خرچ کرنا ہوتا ہے، لہٰذا اس طرح سے عورت کی مالی حالت (اسلامی معاشرے میں) اتنی مستحکم ہو جاتی ہے کہ کبھی تو وہ مرد سے زیادہ بہتر حالت میں ہوتی ہے۔ پھر وہ اپنے مال کو جہاں چاہے خرچ کرے، اس پر کسی کا اختیار نہیں، چاہے تو اپنے شوہر کو دے یا اپنی اولاد کو یا پھر کسی کو ہبہ کرے یا خدا کی راہ میں دے یہ اس کی اپنی مرضی ہے اور اگر وہ از خود کماتی ہے تو اس کی مالک بھی وہی ہے، لیکن اس کا نفقہ اس کے شوہر پر واجب ہے، چاہے وہ کمائے یا نہ کمائے۔ اس طرح سے اسلام کا عطا کردہ معاشی حق عورت کو اتنا مضبوط بنا دیتا ہے کہ عورت جتنا بھی شکر ادا کرے کم ہے۔

شوہر کا انتخاب: شوہر کے انتخاب کے سلسلے میں اسلام نے عورت کو بڑی حد تک آزادی دی ہے۔ نکاح کے سلسلے میں لڑکیوں کی مرضی اور ان کی اجازت ہر حالت میں ضروری قرار دی گئی ہے۔ ارشاد نبویؐ کا مفہوم: "شوہر دیدہ عورت کا نکاح اس وقت تک نہ کیا جائے جب تک کہ اس سے مشورہ نہ لیا جائے اور کنواری عورت کا نکاح بھی اس کی اجازت حاصل کیے بغیر نہ کیا جائے۔" (مشکوٰۃ) ہاں! اگر عورت ایسے شخص سے شادی کرنا چاہے جو فاسق ہو یا اس کے خاندان کے مقابل نہ ہو تو ایسی صورت میں اولیاء دخل اندازی کر سکتے ہیں۔ اسلام نے عورت کو خلع کا حق دیا ہے کہ اگر ناپسندیدہ ظالم اور ناکارہ شوہر ہے تو بیوی نکاح کو فسخ کر سکتی ہے۔

اسلام میں معاشرتی حیثیت سے عورتوں کو اتنا بلند مقام حاصل ہے کہ اس کا اندازہ

اس بات سے لگایا جاسکتا ہے کہ ارشاد ربانی کا مفہوم ہے:"اور ان عورتوں کے ساتھ حسنِ معاشرت کے ساتھ زندگی گزارو، اگر وہ تم کو ناپسند ہوں تو ممکن ہے کہ تم کوئی چیز ناپسند کرو اور اللہ اس میں خیر کثیر رکھ دے۔"(النساء)

سوچیے! خواتین کو اسلام نے کتنے حقوق دیے ہیں۔ اللہ تعالیٰ ہمیں سمجھنے کی توفیق عطا فرمائے۔ آمین

***

اسلام میں عورتوں کے حقوق: غیروں کی نظر میں

مولانا تنویر خالد قاسمی

مذہب اسلام اس دنیا میں اس وقت آیا ہے، جب انسانیت دم توڑ رہی تھی، انسانی ظلم وجور پر ظلم کی تاریخ بھی آنسو بہارہی تھی اور عدل ومساوات کی روح تقریباً عنقا ہوچکی تھی۔ اسلام نے ایسے نامساعد حالات کے باوجود انصاف وبرابری کا نعرہ بلند کیا، اور عملاً بھی اس کی شاندار تصویر پیش کی، اور حاکم ومحکوم، آقا وغلام اور اونچ ونیچ کے ناہموار ٹیلوں سے بھرے صحرائے انسانیت میں عدل وانصاف، برابری ومساوات اور یکسانیت وہم آہنگی کے پھول کھلاکر ہر سو نسیم صبح چلادی۔

"مشتے از خروارے" کے طورپر اسلامی مساوات میں ہم "حقوق نسواں" پر نظر ڈالتے ہیں تو ہم دیکھتے ہیں کہ جو عورت عالم گیتی پر جانوروں، بلکہ جانوروں سے بھی زیادہ بے وقعت ومظلوم تھی، کو اسلام نے ذلت ونکبت کے تحت الثریٰ سے اٹھاکر بلندی وعظمت کے بام ثریا پر رونق افروز کردیا، اوراسے ایسے ایسے حقوق عطا کئے جس کا تصور بھی اسلام سے پہلے ناممکن اور معدوم تھا۔۔۔، مگر آج جبکہ ہر طرف سے اسلام پر یورش ہورہی ہے اور طرح طرح کی بے جا تنقیدوں اور لغو اتہامات کا نشانہ بنایا جارہاہے

اوراسلامی اقدار وروایات کو ناقص بلکہ ظلم اور عدم مساوات سے عبارت گردانا جارہا ہے اور زور شور سے اس بات کا پروپیگنڈہ کیا جارہا ہے کہ اسلام نے عورتوں کو اس ناجائز حقوق سے محروم رکھا ہے، اور اس کے ساتھ عدل ومساوات کا معاملہ نہیں کیا، حالانکہ اگر عقل وخرد کو تعصب سے پاک وصاف رکھا جائے اور دل ودماغ سے منصفانہ جائزہ لیا جائے تو یہ بات آفتابِ نیم روز کی طرح عیاں ہو جائے گی، کہ عورت چونکہ تمدن انسانی کا محور ومرکز ہے، گلشن ارضی کی زینت ہے، اس لئے اسلام نے باوقار طریقے سے اسے ان تمام معاشرتی حقوق سے نوازا جن کی وہ مستحق تھی، چنانچہ اسلام نے عورت کو گھر کی ملکہ قرار دیا، دیگر اقوام کے برعکس اسے ذاتی جائداد ومال رکھنے کا حق عطا کیا، شوہر سے ناچاقی کی صورت میں خلع کی صورت دکھلائی، وراثت میں اس کا حصہ مقرر کرایا، اسے معاشرہ کی قابل احترام ہستی قرار دیا اور اس کے تمام جائز قانونی حقوق کی نشان دہی کی، حاصل یہ ہے کہ اسلام نے عورتوں کو جس قدر حقوق دئے ہیں، خواہ اس کا تعلق ذاتی جائداد وراثت سے ہو یا شادی یا طلاق کا مسئلہ ہو، کوئی دوسرا مذہب اس کا عشر عشیر بھی پیش کرنے سے عاجز وقاصر ہے۔

دوسری طرف اگر آج ہم افترا پردازوں کے نعرے اور ان کے نتائج پر غور کریں تو اس پر فریب نعرہ نے اس بے چاری کو اس کے سوا کچھ نہیں دیا کہ وہ دفتروں میں کلرکی کرے، اجنبی مردوں کی پرائیویٹ سیکریٹری بنے، تجارت چمکانے کیلئے سیلز گرل بنے اور اپنے ایک ایک عضو کو سربازار رسوا کرکے گاہکوں کو دعوت نظارہ دے۔۔۔ ان سب کا نتیجہ کیا نکلا؟ طلاق کی شرح میں زبردست اضافہ، ناجائز بچوں کی بہتات، ایڈز کا شیوع، غرضیکہ تمام معاشرتی واخلاقی خرابیاں اسی نام نہاد "آزادئ نسواں" کا ثمرۂ تلخ ہے۔

اسلام نے عوتوں کو کتنی ترقی دی؟ کیسا بلند مقام عطا کیا؟ قرآن کریم کی لاتعداد

آیتوں اور بے شمار احادیث سے اس کا اندازہ بخوبی لگایا جاسکتا ہے۔ اسلام نے پوری دنیا کے سامنے حقوق نسواں کا ایسا حسین تصور پیش کیا اور عورتوں کے تئیں وہ نظریات اپنائے کہ اپنے تو اپنے غیر بھی اس مثبت و مساوی نظام عمل پر عش عش کر اٹھے، اور یہ کہنے پر مجبور ہو گئے کہ اسلام ہی دراصل حقوق نسواں کا علم بردار اور حقیقی ضامن ہے۔ آج اگر مغرب اور مغرب پرست اسلام پر نکتہ چینی کرتے ہیں اور اسلام کو حقوق نسواں کی راہ میں رکاوٹ قرار دیتے ہیں، تو یہ صرف حقیقت سے چشم پوشی کر کے اسلام کو بدنام کرنے کی سازش کے تحت ہے، مگر

"پاسبان مل گئے کعبہ کو صنم خانے سے"

چنانچہ آج بھی بہت سے غیر مسلم مفکرین اور دانایانِ فرنگ اعتراف حقیقت کرتے ہوئے اسلام ہی کو صنفِ نازک کا نجات دہندہ اور حقوق نسواں کا پاسدار سمجھتے ہیں، چنانچہ اس بات کو بیان کرتے ہوئے کہ اسلام نے ہی عورت کو تمام معاشی، معاشرتی اور اخلاقی حقوق دئے جن کا تصور قبل از اسلام بعید از قیاس تھی۔

"ای بلائیڈن" رقمطراز ہیں "سچا اور اصلی اسلام جو محمد صلی اللہ علیہ وسلم لے کر آئے، اس نے طبقہ نسواں کو وہ حقوق عطا کئے جو اس سے پہلے اس طبقہ کو پوری انسانی تاریخ میں نصیب نہیں ہوئے تھے (سنت نبوی اور جدید سائنس)

"ڈبلیو لائٹر" لکھتے ہیں: عورت کو جو تکریم اور عزت محمد صلی اللہ علیہ وسلم نے دی وہ مغربی معاشرے اور دوسرے مذاہب اسے کبھی نہ دے سکے"۔

(Mohammadanism in religious system of the world) "ای ڈرمنگھم" حضور صلی اللہ علیہ وسلم کی تعلیمات کو سراہتے ہوئے اور اسلام کے عورتوں کی زندگی کے تبدیل کر دینے کے تعلق سے لکھتا ہے: "اس سے کون انکار کر سکتا ہے کہ محمد

صلی اللہ علیہ وسلم کی تعلیمات نے عربوں کی زندگی بدل دی، ان سے پہلے طبقہ نسواں کو کبھی وہ احترام حاصل نہیں ہو سکا تھا جو محمد صلی اللہ علیہ وسلم کی تعلیمات سے انہیں حاصل ہوا، جسم فروشی، عارضی شادیاں اور آزادانہ محبت ممنوع قرار دیدی گئیں لونڈیاں اور کنیزیں جنہیں اس سے قبل محض اپنے آقاؤں کی دل بستگی کا سامان سمجھا جاتا تھا وہ بھی حقوق و مراعات سے نوازی گئیں۔(The Life of Mohammad)

ڈبلیوڈبلیو کیش کہتے ہیں "اسلام نے عورتوں کو پہلی بار انسانی حقوق دئے اور انہیں طلاق کا حق دیا"(The Eupensin of Islam)۔

حقوق نسواں اوراس کے چند اہم پہلو

عموماً عورتوں کو زندگی میں تین اہم مراحل سے گذرنا پڑتا ہے:(۱) پیدائش سے شادی تک (۲) ازدواجی زندگی (۳) شوہر کے بعد کی زندگی۔

پیدائش سے شادی تک۔

پہلے مرحلے میں یہ بات واضح ہے کہ ازدواجی زندگی تک جب ہی پہنچا جا سکتا ہے جبکہ وجود (پیدائش) کو بقا حاصل ہو، مگر اسلام سے پہلے انسان کے اندر صفت بہیمیت پوری طرح غالب آگئی تھی، چنانچہ صنفِ نازک کے ساتھ غلاموں سے بھی بدتر سلوک روا رکھا جاتا تھا، تین سال، پانچ سال کی نوعمر بچیوں کو محض اسلئے پیوند خاک کر دیتے تھے کہ ان کی ناک نہ کٹ جائے، کوئی ان کا داماد نہ کہلانے لگے، لیکن اسلام نے "واذ الموؤدۃ سئلت بای ذنب قتلت" کے جانفزا حکم کے ذریعہ اس فتنۂ دختر کشی کا سدباب کر دیا اور ڈوبتی انسانیت کو حیات اور حوا کی بیٹی کو جینے کا حق دیا۔

"آئرینا میڈ مکس"(Women in Islam 1930) میں اسلام اور ما قبلِ اسلام عورت کی زندگی پر تبصرہ کرتے ہوئے لکھتا ہے "محمد صلی اللہ علیہ وسلم نے ان چیزوں کو

اپنی پسندیدہ قرار دیا ہے، نماز، روزہ، خوشبو اور عورت، عورت آپ صلی اللہ علیہ وسلم کے لئے قابل احترام تھی، معاشرہ میں جہاں مرد اپنی بیٹیوں کو پیدائش کے وقت زندہ دفن کیا کرتے تھے، محمد صلی اللہ علیہ وسلم نے عورت کو جینے کا حق دیا" (سنت نبوی اور جدید سائنس ۲)

"جنرل گلپ پاشا" نے حضور صلی اللہ علیہ وسلم کی سیرت طیبہ پر ایک کتاب لکھی ہے (The Life And Tims of Mohammad) وہ اس میں پہلے اسلامی حقوق وراثت کی تعریف کرتے ہیں اور پھر آگے لکھتے ہیں: "حضور صلی اللہ علیہ وسلم نے لڑکیوں کو زندہ دفن کرنے کا بالکلیہ خاتمہ کر دیا" (ایضاً)

"ریونڈ جی ایم راڈویل" ایک انتہائی متعصّب عیسائی ہے، مگر اعترافِ حق سے اپنے آپ کو نہ روک سکا کہ قرآن نے خانہ بدوشوں کی دنیا بدل ڈالی، دختر کشی کو ختم کر دیا، اور تعدد ازدواج کو محدود کر کے احسان عظیم کر دیا، چنانچہ اس نے بے اختیار لکھ دیا" قرآنی تعلیمات سے سیدھے سادے خانہ بدوش ایسے بدل گئے کہ جیسے کسی نے ان پر سحر کر دیا ہو، اولاد کشی ختم کرنا، توہمات کو دور کرنا، بیویوں کی تعداد گھٹا کر ایک حد مقرر کرنا، وغیرہ وہ چیزیں ہیں جو عربوں کے لئے بلاشبہ برکت اور نزول حق تھیں، گو عیسائی ذوق اسے تسلیم نہ کرے" (فاران ستمبر ۱۹۷۶ / بحوالہ میری آخری کتاب)

دوسرا مرحلہ "ازدواجی زندگی" ہے۔

اس مرحلے میں عورت کو بہت کچھ نرم گرم سہنا پڑتا ہے، بسا اوقات شوہر کی شہوت اس سے پوری نہیں ہو پاتی تو وہ دیگر راہیں ڈھونڈتا ہے، اخلاق و تہذیب کی حد کو پار کر کے بازاری یا ان جیسی عورتوں سے ناجائز تعلقات قائم کرتا ہے اور پھر میاں بیوی کی زندگی اجیرن بن کر رہ جاتی ہے، اسلام نے ان ہی خرابیوں اور نقصانات سے بچاؤ کے لئے

"تعدد ازدواج" کی اجازت دی ہے، اسلام کے خلاف پروپیگنڈہ کرنے والے بڑے زور شور سے یہ کہتے ہیں کہ تعدد زوجگی میں عورتوں کا استحصال ہوتا ہے اوران کا حق منقسم ہوکر رہ جاتا ہے اور سوکن کی شکل میں طرح طرح کی ذہنی، جذباتی اور معاشرتی مسائل کا سامنا کرنا پڑتا ہے، پروپیگنڈہ کتنا مبنی بر حقیقت ہے اور تعدد ازدواج میں کیا کیا مصالح مضمر ہیں؟ یہ انسانی فطری طریقہ ہے یا اس سے متصادم؟ اس قسم کے سوالوں کا جواب الحمدللہ بہتوں نے دیا ہے اوراس موضوع پر مستقل کتابیں لکھی گئی ہیں، ہم تفصیل میں جانا نہیں چاہتے تاہم یہ ضرور کہیں گے کہ اسلام سے پہلے بھی تعدد ازدواج کی رسم رہی ہے اوراس کے بعد بھی جاری ہے بلکہ اسلام نے تو اپنے متبعین کے لئے ایک حد مقرر کی ہے، جبکہ اسلام کے علاوہ میں اس کی کوئی تحدید نہیں ہے۔

موجودہ زمانہ میں بھی تعدد ازدواج کی شکل پائی جاتی ہے فرق صرف اتنا ہے کہ اسلام میں قانوناً اور فطرةً اور غیروں میں جانوروں کی طرح۔۔۔ یہ گرل فرینڈ کیا ہے؟ کوئی زہر ہلاہل کو قند کہہ دے تو کیا اس کی حقیقت بدل جائے گی اور قند بن جائے گا؟ نہیں! بلکہ مزید دھوکہ دہی اور فریب کا الزام لگے گا۔

یہی قول مشہور Theosophist نیت بسنت کا ہے موصوفہ اسی پوشیدہ ازدواج پر روشنی ڈالتی ہوئی یورپ کی اخلاقی باختہ حالت پر تبصرہ کرتے ہوئے لکھتی ہیں: "مغرب میں جھوٹی اور نمائشی یک زوجگی ہے بلکہ فی الحقیقت تعدد ازدواج ہے مگر کسی ذمہ داری کے بغیر۔ جب آشنا عورت سے مرد کا دل بھر جاتا ہے تو اسے وہ نکال باہر کرتا ہے اور اس کے بعد وہ کسبی عورت بن جاتی ہے، کیونکہ اس کا ابتدائی محب" اس کے مستقبل کی ذمہ داری نہیں لیتا اور وہ تعدد ازدواج والے گھر میں محفوظ بیوی اور ماں بننے کے مقابلہ میں سوگنا بدتر ہوتی ہے۔ جب ہم ہزاروں مصیبت زدہ عورتوں کو دیکھتے ہیں جو یورپ کے

شہروں میں رات کے وقت سڑکوں پر ہجوم لگائے ہوئے چلتی ہیں تو ہمیں یقیناً یہ محسوس کرنا پڑتا ہے کہ مغرب کو تعدد ازدواج کے سلسلے میں اسلام پر اعتراض کرنے کا کوئی حق نہیں۔ اسلامی تعدد ازدواج کے محاسن و فوائد اور مغربی تعدد ازدواج کی قباحت و نقصان پر روشنی ڈالتے ہوئے مزید رقم کرتی ہیں۔

"عورت کے لئے یہ کہیں زیادہ بہتر، کہیں زیادہ مسرت انگیز اور کہیں زیادہ عزت بخش ہے کہ وہ (اسلامی) تعدد ازدواج کے سسٹم کے تحت زندگی گزارے، وہ ایک مرد سے متعلق ہو، حلال بچہ اس کی آغوش میں ہو اور وہ عزت کے ساتھ جی رہی ہو، اس کے مقابلے میں (یورپین تعدد ازدواج) کہ اس کی عصمت دری کی جائے، وہ سڑکوں پر نکال باہر کر دی جائے، بسا اوقات ایک حرامی بچہ کے ساتھ جو غیر قانونی ہو، اس کی کوئی جائے پناہ نہ ہو، کوئی اس کی فکر کرنے والا نہ ہو، اس کی راتوں پر راتیں اس طرح گزریں کہ وہ کسی بھی راہ گیر کا صید زبوں بننے کو تیار ہو، مادریت کے شرف سے محروم سب کی دھتکاری ہوئی ہو۔ (Marriage commission report بحوالہ تعدد ازدواج: سید حامد علی)

والیٹر: ایک مشہور فرانسیسی مؤرخ ہے، تہذیب اسلام پر بحث کرتے ہوئے لکھتا ہے:

"میں آپ سے کہتا ہوں کہ وہ لوگ جاہل اور ضعیف العقل ہیں جو مذہب اسلام پر دیگر اتہامات کے علاوہ عیش پرستی و راحت کوشی کا الزام لگاتے ہیں، یہ سب اتہامات بے جا اور صداقت سے مبرّا ہیں"۔

ڈاکٹر "موسیو لیبان" مصنف تمدن عرب رقم طراز ہیں:

مسلمان کی جائز کثرت ازدواج یورپ کے ناجائز کثرت ازدواج سے ہزار ہا درجہ بہتر ہے، اسلام پر جس دریدہ ذہنی سے نکتہ چینی کی جاتی ہے اور جس بری صورت میں

اسے پیش کیا جاتا ہے وہ فرضی مہیب صورت بھی یورپ کے موجودہ معاشرہ کے آگے کچھ حقیقت نہیں رکھتی، دراصل یورپین ممالک میں عصمت عنقاء بن گئی ہے۔ (اسلام اور تعدد ازدواج)

تیسرا اہم مرحلہ "شوہر کے بعد کی زندگی" ہے۔

اسلام سے پہلے ہوتا یہ تھا کہ جب عورت غیر شادی شدہ ہے اس کی کفالت باپ کے ذمہ ہوتی تھی اور شادی کے بعد شوہر کے زیر دست رہتی، باپ سے اسے کوئی حصہ نہیں ملتا تھا۔ اس لئے ہندوستان وغیرہ میں جہیز کا دور دورہ ہوا کہ والدین سے وراثت تو ملتی نہیں اس لئے جہیز میں جو کچھ دے سکتے ہوں دے دیں اسی طرح شادی کے بعد اتفاق سے شوہر کا انتقال اس عورت سے پہلے ہو جائے تو عورت کو شوہر کی جائداد سے پھوٹی کوڑی بھی نہیں ملتی تھی۔ جس کا شاخسانہ ستی کی رسم ہے۔ بلکہ تمام مال غیروں کا ہو جاتا جس کی لاٹھی اس کی بھینس والا معاملہ ہوتا تھا، مگر اسلام نے آتے ہی اس رسم کا خاتمہ کر دیا جس کی وجہ سے عورت جیتے جی مردہ بن کر رہ جاتی تھی۔ اور قرآن کریم نے "والذین یتوفون منکم الخ" اورآیت میراث کے ذریعہ اس کا حصہ بیان کر کے اس فتنہ کا سدباب کر دیا۔ اسلام کی انہیں خوبیوں کو سراہتے ہوئے فرانسیسی محقق ڈاکٹر گستاولی لکھتے ہیں:

"اسلام نے عورتوں کی تمدنی حالت پر نہایت مفید اور گہرا اثر ڈالا ذلت کے بجائے عزت و رفعت سے سرفراز کیا اور کم و بیش ہر میدان میں ترقی سے ہم کنار کیا چنانچہ قرآن کا "وراثت و حقوق نسواں" یورپ کے "قانون وراثت" اور "حقوق نسواں" کے مقابلہ میں بہت زیادہ مفید اور فطرت نسواں کے زیادہ قریب ہے۔ (سنت نبوی اور جدید سائنس)

پروفیسر D۔S Margoliouth یورپی مصنف ہے جو اسلام اور پیغمبر صلی اللہ عیلہ وسلم اسلام کی دشمنی، بہتان تراشی اور اعتراضات والزامات کا کوئی موقع ہاتھ سے جانے نہیں دیتا، مگر ضمیر کی آواز کو دبا نہ سکا چنانچہ وہ عیسائیت ویہودیت پر حقوق نسواں کے تعلق سے تنقید کرتے ہوئے لکھتا ہے:

"دور جاہلیت کے عرب تو ایک طرف رہے، عیسائیت اور یہودیت میں بھی یہ تصور نہیں کیا جاسکتا کہ عورت بھی صاحب حیثیت اور مالک جائداد ہو سکتی ہے، یہ مذاہب اس کی اجازت نہیں دیتے کہ عورت بھی مردوں کی طرح معاشی اعتبار سے خوش حال ہو سکے عورتوں کی حقیقی حیثیت ان مذاہب اور ثقافتوں و معاشروں میں باندی کی سی تھی جو مرد کے رحم وکرم پر زندگی بسر کرتی تھی۔ محمد صلی اللہ علیہ وسلم نے عورت کو آزادی عطا کی، خود مختاری دی اور خود اعتمادی کے ساتھ جینے کا حق دیا۔ (ایضاً)

دہلی ہائی کورٹ کے چیف جسٹس مسٹر راجندر صاحب نے ایک تقریب میں خطاب کرتے ہوئے کہا تھا:

تاریخی طور پر اسلام عورتوں کو جائداد کے حقوق دینے میں بہت زیادہ فراخ دل اور ترقی پسند رہا ہے، یہ حقیقت ہے کہ ۱۹۵۶/ میں ہندو کوڈ بل سے قبل ہندو عورتوں کا جائداد میں کوئی حصہ نہیں تھا، حالانکہ اسلام مسلم عورتوں کو یہ حق ۱۴ سو سال پہلے دے چکا تھا۔(The Statement Delhi)

حرف آخر

عورت چونکہ گھر کی زینت ہے اس لئے اس زینت کو نظر بد سے محفوظ رکھنے کے لئے اسلام نے کچھ حدود قائم کئے ہیں، لیکن ایسا نہیں ہے کہ ان پابندیوں سے عورت کو کوئی نقصان پہنچا ہو، اسے کسی دشواری کا سامنا کرنا پڑا ہو بلکہ یہ تو عین حیا اور غیرت ووقار

کا تقاضہ ہے، انہیں خیال کا اظہار ہملٹن ان الفاظ میں کرتے ہیں:

"اسلام کے احکام عورتوں کے بارے میں نہایت واضح ہیں، اس نے عورتوں کو ہر اس چیز سے بچانے کی کوشش کی ہے جو عورتوں کو تکلیف پہنچائے اور ان پر دھبہ لگائے۔ اسلام میں پردہ کا دائرہ اتنا تنگ نہیں ہے جتنا بعض لوگ سمجھتے ہیں، بلکہ وہ عین حیا اور غیرت ووقار کا تقاضہ ہے۔"

سر جان بیگٹ رقم طراز ہے:

"واقعہ یہ ہے کہ حضور صلی اللہ علیہ وسلم نے عورتوں پر جو پابندیاں عائد فرمائی ہیں ان کی نوعیت سخت نہیں ہے بلکہ ان پابندیوں میں عورتوں کے لئے آسانیاں فراہم کی گئی ہیں۔"(محمد صلی اللہ علیہ وسلم بحوالہ سنت نبوی اور جدید سائنس)

غیروں کے اعتراف حقیقت کے بعد بلا اختیار قلب وذہن میں "ان الدین عند اللہ الاسلام" دھڑکن بن کر دھڑکنے لگتا ہے اور مشاہدہ کی آنکھوں سے "ان ہذا القرآن یہدی للتی ہی اقوم" کی تفسیر دیکھنے کو ملتی ہے۔ کیا ہی اچھا ہوتا کہ اعترافِ حق کے ساتھ ساتھ قبول حق کے بھی حصہ دار بن جاتے۔

***

اسلام میں خواتین کے حقوق کا تحفظ

مولانا نعمان نعیم

عورت کو آدھی دنیا کہا گیا، اور کہا جاتا ہے، اس لئے اسے کسی بھی سماج کے لیے نظر انداز کرنا آسان نہیں، بلکہ حقیقت یہ ہے کہ عورت انسانی حیات کی گاڑی کا لازمی پہیہ ہے، لیکن انسانی تاریخ کا یہ المیہ ہے کہ آدھی دنیا ہونے کے باوجود اسے وہ اہمیت و حیثیت نہیں دی گئی، جس کی واقعتاً وہ مستحق تھی، جس طرح قدیم تہذیب و تمدن (یعنی اسلام کی آمد سے قبل) معاشروں نے عورت کے وقار کو تباہ کیا، اسی طرح جدید تہذیب نے بھی اسے شو پیس بنایا، اشتہاری مہم میں استعمال تو کیا، لیکن اسے عزت نہیں بخشی۔ آج یورپ حقوق نسواں اور آزادی نسواں کا علم بردار بنا ہوا ہے، حقیقت میں انہوں نے عورت کو معاشرے میں اُس کا جائز مقام دلوانے کے بجائے اُسے انتہائی پست انداز میں پیش کیا، جب کہ انسانی حقوق کے سب سے عظیم علم بردار نبی آخر الزماں حضرت محمد ﷺ ہیں۔

احترام انسانیت اور انسانی حقوق کے تاریخ ساز چارٹر خطبۂ حجۃ الوداع میں محسن انسانیت ﷺ نے ارشاد فرمایا: "لوگو! عورتوں کے معاملے میں اللہ سے ڈرو اور ان کے ساتھ بھلائی کرنے کی میری وصیت قبول کرو۔" جب کہ اسلام کی آمد سے قبل مالی میراث کے بارے میں عرب اہل جاہلیت کا یہ نظریہ تھا کہ جائیداد کا وارث اور حق دار

صرف اور صرف مرد ہے۔ اس لیے کہ وہ گھوڑے پر سوار ہوتا ہے، اسلحہ اٹھاتا ہے، جنگ کرتا ہے، جب کہ عورتیں ان صفات سے محروم ہیں، لٰہذا وہ وارث بننے یا ورثہ کی حقدار نہیں ہوسکتیں۔ پھر اسلام کا عظیم الشان دور آیا، جو سسکتی انسانیت کے لئے مسیحا ثابت ہوا، مرد و زن کو اس مثالی دین نے وہ احکام اور تعلیمات دیں جو دونوں کی جسمانی اور حیاتیاتی سانچوں کے عین مطابق ہیں۔

آپ ﷺ کی آمد سے پہلے عورت معاشرے کا ایک انتہائی پسماندہ اور محکوم طبقہ سمجھی جاتی تھی، اُسے معاشرے میں کوئی عزت اور مقام حاصل نہیں تھا، لیکن اسلام نے اپنی آمد کے ساتھ عورت کو معاشرے میں نہ صرف جینے کا حق دیا، بلکہ اُسے اُس کا جائز مقام دلوایا اور مردوں پر عورتوں کے متعدد حقوق عائد کیے۔ چناں چہ اسلام نے ماں کے روپ میں عورت کا درجہ اس طور پر بلند کیا کہ ماں کے قدموں تلے جنت قرار دی، اس کے ساتھ ساتھ باپ کے مقابلے میں ماں کا مقام تین درجے بلند کیا۔ ماں کے حق کے حوالے سے تفسیر ابن کثیر میں ہے کہ ایک شخص اپنی والدہ کو کمر پر اٹھائے ہوئے طواف کر رہا تھا، اس نے حضور اقدس ﷺ سے عرض کیا کہ کیا میں نے اس طرح خدمت کرتے ہوئے اپنی والدہ کا حق ادا کر دیا؟ آپ ﷺ نے فرمایا کہ ایک سانس کا حق بھی ادا نہیں ہوا۔

اسی طرح اسلام نے عورت کو بیوی کا درجہ دے کر اس قدر اُس کی شان بڑھائی کہ اللہ رب العزت نے اپنی کتاب مبین میں عورتوں کے حقوق مردوں کے برابر فرمائے ہیں۔ ارشاد باری تعالیٰ ہے:

"اور عورتوں کا دستور کے مطابق مردوں پر ویسا ہی حق ہے جیسے مردوں کا عورتوں

پر حق ہے اور مردوں کو اُن پر ایک منزلت حاصل ہے اور یہ منزلت اللہ رب العزت نے مردوں کو عورتوں پر اس لیے عطا فرمائی ہے کہ وہ عورتوں کی نگرانی، اُن کی نگہبانی اور اُن کے نان نفقے کی ذمے داری بہتر طور پر انجام دیں۔"(سورۃ البقرہ)

جب کہ اللہ کے رسول ﷺ نے عورتوں کے ساتھ متعدد موقعوں پر اچھے برتاؤ کی تلقین کی۔ جامع ترمذی میں آپ ﷺ کا ارشاد ہے:"تم میں سے بہترین لوگ وہ ہیں جو اپنی بیویوں کے ساتھ معاملات میں اچھے ہیں" اسی طرح پیغمبر اسلام ﷺ نے عورت کو، ماں، بہن، بیوی اور بیٹی کے روپ میں اعلیٰ مقام دیا، بیٹی کی پرورش کرنے اور بلوغت کے بعد اُن کی رخصتی کر دینے کی صورت میں جنت میں ساتھ رہنے کی ضمانت عطا فرمائی ، چناں چہ بخاری میں حضرت انسؓ سے روایت ہے کہ رسول اللہ ﷺ نے فرمایا:

جس نے دو یا تین بیٹیوں کی یا دو یا تین بہنوں کی پرورش کی اور وہ اُن کی ذمے داریوں کو نبھاتا رہا، یہاں تک کہ وہ اُس سے شادی کر دینے کی صورت میں یا فوت ہو جانے کی صورت میں جدا ہوئیں تو میں اور وہ شخص جنت میں اس طرح ساتھ ہوں گے جس طرح میری یہ دو انگلیاں، آپ ﷺ نے اپنی انگشت شہادت اور درمیانی انگلی کی طرف اشارہ فرمایا۔ اسی طرح مشکوٰۃ شریف میں نبی کریم ﷺ کے حوالے سے ایک روایت اس طور پر بیان کی گئی ہے کہ آپ ﷺ نے فرمایا جو شخص بھی لڑکیوں کی پیدائش کی ذمے داریوں کے ذریعے آزمایا گیا اور ان کے ساتھ اچھا سلوک کر کے وہ آزمائش میں کامیاب ہوا تو یہ لڑکیاں اُس کے لیے قیامت کے دن جہنم کی آگ سے ڈھال بن جائیں گی۔

جوں جوں زمانہ ترقی کرتا رہا، اسلام مخالف سرگرمیوں میں بھی اضافہ اور نت نئے

طریقے ایجاد ہوتے رہے، مغرب نے اسلام کے ہر اس نظریے کو مٹانے اور داغ دار کرنے کی پوری کوشش کی، جس کے زیر اثر ایک صحت مند انسانیت سانس لے رہی تھی۔ یورپ نے اسلامی نظریات و تعلیمات کے مقابل اپنے غیر متوازن نظریات کو لا کھڑا کیا، اس کی ظاہری چمک دمک دکھا کر سادہ دل انسانوں کو پھانسنے کی بھرپور کوشش کی۔ وہ دور رس منفی نتائج سے بے خبر جدید تہذیب کے بہاؤ میں بہتے چلے گئے۔ اس تہذیب سے جتنا نقصان عورت کی ذات کو پہنچا، کسی اور کو نہیں پہنچا۔

مغرب عورت کو گھروں سے نکال کر عام شاہراہوں پر نمائش کے لیے لا کھڑا کیا، اسلام نے اس کے برعکس اسے عزت و عظمت عطا کی۔ اسلام میں عورتوں کو دینی اور دنیوی علوم سیکھنے کی نہ صرف اجازت دی گئی ہے، بلکہ ان کی تعلیم و تربیت کو اسی قدر ضروری قرار دیا گیا ہے جس قدر مردوں کی تعلیم و تربیت ضروری ہے، رسول اللہ ﷺ سے جس طرح دین واخلاق کی تعلیم مرد حاصل کرتے تھے، اسی طرح عورتیں بھی حاصل کرتی تھیں، آپ نے ان کے لئے اوقات متعین فرما دیئے تھے، جن میں وہ آپ سے علم حاصل کرنے کے لیے حاضر ہوتی تھیں، آپ ﷺ کی ازواج مطہراتؓ اور خصوصاً حضرت عائشہ صدیقہ رضی اللہ عنہا نہ صرف عورتوں کی بلکہ مردوں کی بھی معلّمہ تھیں، اور بڑے بڑے صحابہ و تابعین ان سے حدیث، تفسیر، فقہ کی تعلیم حاصل کرتے تھے، اشراف تو درکنار نبی اکرم ﷺ نے لونڈیوں تک کو علم اور ادب سکھانے کا حکم دیا۔ پس جہاں تک تعلیم و تربیت کا تعلق ہے، اسلام نے عورت اور مرد کے درمیان کوئی امتیاز نہیں رکھا، البتہ نوعیت میں فرق ضرور ہے۔

اسلامی نقطۂ نظر سے عورت کی صحیح تعلیم و تربیت وہ ہے جو اسے ایک بہترین بیوی،

بہترین ماں، اور بہترین گھر والی بنائے۔ اس کا دائرۂ عمل گھر ہے، اس لئے خصوصیت کے ساتھ ان علوم کی تعلیم دی جانی چاہیے جو اس دائرے میں اسے زیادہ مفید بنا سکتے ہیں، مزید بر آں وہ علوم بھی اس کے لئے ضروری ہیں جو انسان کو انسان بنانے والے اور اس کے اخلاق کو سنوارنے والے اور اس کی نظر کو وسیع کرنے والے ہیں۔ ایسے علوم اور ایسی تربیت سے آراستہ ہونا ہر مسلمان عورت کے لئے لازم ہے۔ اس کے بعد اگر کوئی عورت غیر معمولی عقلی و ذہنی استعداد رکھتی ہو، اور ان علوم کے علاوہ دوسرے علوم و فنون کی اعلیٰ تعلیم بھی حاصل کرنا چاہے تو اسلام اس کی راہ میں مزاحم نہیں ہے۔

بشر طیکہ وہ ان حدود سے تجاوز نہ کرے جو شریعت نے عورتوں کے لیے مقرر کیے ہیں۔ اسے ایسے تمام فرائض سے سبکدوش کیا گیا جو بیرونِ خانہ امور سے تعلق رکھنے والے ہیں، مثلاً نمازِ جمعہ، جہاد، جنازہ میں شرکت، عورت کے لئے ضروری نہیں، نیز شریعت نے اسے محرم کے بغیر سفر کرنے کی اجازت بھی نہیں دی۔ اس کے علاوہ اسلام نے جو نظریہ حجاب عورتوں کو دیا ہے، ان کے تحفظ کا واحد ذریعہ یہی ہے، اس سے ان میں خود اعتمادی پیدا ہوتی ہے، عورتوں کو کھلے چہروں کے ساتھ باہر پھرنے کی عام اجازت دینا ان مقاصد کے بالکل خلاف ہے، جن کو اسلام اس قدر اہمیت دے رہا ہے۔ ایک انسان کو دوسرے انسان کی جو چیز سب سے زیادہ متاثر کرتی ہے، وہ اس کا چہرہ ہی تو ہے، نگاہوں کو سب سے زیادہ وہی کھینچتا ہے۔

مغرب نے ایک ظالمانہ اجتماعی نظام "آزادی" کے عنوان سے اہل دنیا کو دیا، لیکن یہ تاریخی صداقت ہے کہ جن لوگوں نے ابتداء میں اس نظام کو پیش کیا، وہ خود بھی اس کے منطقی نتائج سے آگاہ نہ تھے، شاید ان کی روح کانپ اٹھتی۔ اسلام کا خاندانی نظام

عورت کے تحفظ کا ضامن ہے، اسلام ہر حیثیت میں عورتوں کے حوالے سے حسن معاشرت اور ان کے تحفظ کا علم بردار ہے، عورتوں سے حسن سلوک کی تعلیم قرآن وسنت میں جابجادی گئی ہے۔ اسلام اور پیغمبر اسلام، محسنِ انسانیت حضرت محمد ﷺ نے خواتین کے حقوق اور ان سے حسن سلوک کے حوالے سے جو تعلیمات انسانیت کو دی ہیں، دنیا کا کوئی مذہب، کوئی معاشرہ اور کوئی قانون اس کی برابری نہیں کر سکتا۔

***

حقوق نسواں: ایک اسلامی نقطۂ نظر

رابعہ تنویر

ایک اسلامی ممالک میں رہ کر بھی جہاں ہمیں چھوٹوں، بڑوں، بزرگوں، مردوں، عورتوں، پڑوسیوں یہاں تک کہ رشتہ داروں کے حقوق بتا دیے گئے ہیں تو ایسے میں ہمیں عورت مارچ کی ضرورت کیوں پڑ رہی ہے؟

مساوات کی بنیاد پر خواتین کے حقوق کی حمایت کرنا خاص طور پر عصر حاضر میں غور کرنے کے قابل ہے۔ "حقوق نسواں" اصطلاح کے مستند معنی یہ ہیں کہ مرد اور خواتین کی صنفی تفریق کے طرز عمل، تسلط اور جبر سے آزادی کے لیے جدوجہد کی جائے۔

پاکستان میں اصطلاح "نسوانیت" دراصل اسلامی ثقافت کے بالکل برعکس ہے۔ نہ صرف اس سے غلط فہمی میں مبتلا کیا گیا ہے بلکہ نام نہاد حقوق نسواں کے ذریعے اس کا غلط استعمال کیا جا رہا ہے۔

اسلام میں، مرد اور عورتیں خدا کی نظر میں برابر ہیں اور ان سے توقع کی جاتی ہے کہ وہ عبادت کے یکساں فرائض ادا کریں۔ نماز، ایمان، روزہ اور حج۔

اسلام نے خواتین کی حیثیت کو بلند کیا۔ اسلام نے معاشرے میں خواتین کو اعزاز سے زندگی گزارنے کے ساتھ ساتھ انہیں بے مثال حقوق کے ساتھ تحفظ فراہم کیا۔

اسلام نے خواتین کو تعلیم حاصل کرنے، اپنی پسند سے شادی کرنے، شادی کے بعد اپنی

شناخت برقرار رکھنے، شوہر سے علیحدگی، ووٹ ڈالنے اور شہری اور سیاسی مصروفیات میں حصہ لینے کا حق دیا۔

اس وقت اسلامی دنیا میں حقوق نسواں کو مذہبی، معاشرتی اور ثقافتی خطوط میں تیزی سے تقسیم کیا گیا ہے۔ اسلامی اور لبرل نسوانی ماہر دو انتہائی پہلوؤں کی نمائندگی کر رہے ہیں۔ اسلام سے پہلے ایک وقت ایسا بھی تھا جب بچیوں کو زندہ دفن کیا جاتا تھا اور ان کے بنیادی حقوق سے انکار کیا جاتا تھا۔ اسلام نے خواتین کو ہر طرح کی زیادتیوں سے آزاد کرایا۔

قرآن مرد اور خواتین کو ایک دوسرے کے لباس قرار دیتا ہے۔ انہیں محبت اور رحمت کا پابند رہنے کا مشورہ دیتا ہے۔ مختلف مسلم ممالک میں حقوق نسواں کی تحریکوں نے حکومتوں سے مطالبہ کیا ہے کہ وہ اپنی آبادی کے تناسب سے خواتین کو حکومت اور دیگر سرگرمیوں میں نمائندگی دیں۔ انہوں نے زندگی کے تقریباً تمام شعبوں میں نمائندگی کا مطالبہ کیا ہے۔

دوسرے گروپوں نے بھی نہ صرف مساوات کا مطالبہ کیا بلکہ بعض نے تو نسل، زبان یا علاقائی تعصب کی بنیاد پر برتری کا دعویٰ و مطالبہ بھی کیا۔ مساوات تو قابل فہم اور قابل بحث بھی ہے لیکن برتری کا دعویٰ ہرگز نہیں۔

ایک دوسرے سے مسابقت کرنے والی صنفوں کے بجائے، اسلام باہمی تعاون سکھاتا ہے تاکہ ہم آہنگی پر مبنی انصاف پسند معاشرے کی تشکیل کی جائے، جس کی بنیاد ایک مستحکم خاندانی زندگی ہے۔

اسلامی نقطۂ نظر سے حقوق نسواں کی بات کرنے والوں کا دعویٰ ہے کہ مردوں اور عورتوں کی آزادی اسلامی عقیدے کی پیروی میں مضمر ہے اور یہ اسلام ہی ہے جو خواتین

کو بہترین تحفظ فراہم کرتا ہے۔ عورت مارچ والے مذہب کو سول سوسائٹی اور ریاست سے الگ کرنے کی بات کرتے ہیں۔

اللہ نے مرد اور عورت دونوں کو برابر پیدا کیا۔ وہ ایک ہی روح اور ایک ہی روحانی فطرت سے تشکیل پائے تھے۔ ان میں سے کوئی بھی دوسرے سے برتر نہیں تھا۔

٭ ٭ ٭

آزادیِ نسواں کی خود فریبی!

مولانا محمد اعجاز مصطفی

کون نہیں جانتا کہ اسلام نے عورت کو بے انتہا عزت سے نوازا ہے، جس سے مغرب زدہ اور این جی اوز کے بہکاوے میں آئی ہوئی عورتیں آنکھیں بند کیے ہوئے ہیں۔ قرآن کریم، احادیث رسول (1) اور فقہِ اسلامی میں عورتوں کے حقوق کے متعلق مستقل احکام موجود ہیں۔ اسلام کسبِ معاش کی خاطر عورتوں کے گھر سے باہر نکلنے کو ان کی توہین وتذلیل سمجھتا ہے، اس لیے شریعت نے باپ، خاوند، بیٹے، بھائی وغیرہ محرموں پر بالترتیب لازم کیا ہے کہ وہ عورت کی کفالت کریں۔ اگر بالفرض ان میں سے کوئی موجود نہ ہو تو اسلام حکومتِ وقت پر یہ فریضہ عائد کرتا ہے کہ وہ اس کے مصارف برداشت کرے۔ یہی وجہ ہے کہ اسلامی معاشرہ میں خاندان جڑے ہوئے ہیں، جہاں ماں، بہن، بیوی اور بیٹی کو بڑی قدر ومنزلت اور عزت کا مرتبہ حاصل ہے، لیکن "حقوقِ نسواں" سے چلتا ہوا نعرہ آج "آزادیِ نکاح" اور "آزادیِ شوہر" تک پہنچ چکا ہے۔ گویا آج مسلم عورت جس کو "ملکہ" اور "شہزادی" کا مرتبہ حاصل ہے، وہ قرونِ اولیٰ کی مظلوم ومقہور عورتوں کی صف میں کھڑا ہونا چاہتی ہے۔

اس کی تفصیل یہ ہے کہ ۸ مارچ ۲۰۱۹ء کو پوری دنیا میں خواتین کا عالمی دن منایا گیا، کئی شہروں میں ریلیاں نکالی گئیں اور اس میں انہوں نے ایسے نعرے لگائے اور ایسے کتبے

اُٹھائے تھے اور جو کچھ اُن پر درج تھا ایک شریف آدمی اس کو اپنی زبان پر نہیں لا سکتا اور زیادہ افسوس کی بات یہ ہے کہ ان غلیظ، بدبودار اور فحش گالیوں کے علاوہ کئی اسلامی احکام کا بھی اعلانیہ مذاق اُڑایا گیا۔ ایک عورت نے کہا کہ: "اگر دوپٹہ پہننا اتنا ہی پسند ہے تو اپنی آنکھوں پر باندھ لو۔" مظاہرہ میں شریک ایک شخص نے تو یہ کہا کہ: "خواتین کے مسائل اس وقت تک حل نہیں ہو سکتے، جب تک نکاح کو ختم نہیں کیا جاتا۔ خواتین کے ساتھ ہونے والی ناانصافی اور ظلم کے خاتمہ کے لیے ہمیں نکاح کو ختم کرنا چاہیے۔" اس نے یہ بھی انکشاف کیا کہ برصغیر میں نکاح کی رسم بھی انگریز لے کر آئے، اس سے پہلے اس کا یہاں کوئی تصور نہیں تھا، نعوذ باللہ من ذٰلک۔ اسی طرح کا ایک انکشاف ہمارے وزیرِ اطلاعات جناب فواد چوہدری نے بھی کیا ہے کہ مدارس کا نصابِ تعلیم امریکہ سے بن کر آیا ہے۔ یہ ہیں ہمارے وزیر موصوف کی معلومات!

یہ سب کچھ ایسے ملک میں کیا اور کہا جا رہا ہے جو اسلام کے نام پر وجود میں آیا تھا اور موجودہ حکومت جو ریاستِ مدینہ جیسی ریاست کی دعویدار ہے، اس نے ایسے لوگوں کو لگام دینا تو درکنار ان سے ابھی تک پوچھا تک نہیں کہ تم نے خلافِ اسلام ایسی باتیں کیوں کیں؟ حالانکہ ایک صوبائی وزیر نے جب ہندوؤں کے بارے میں کچھ کہہ دیا تو اس سے فوراً استعفاء تک لے لیا گیا۔ لیکن ان مادر پدر آزاد لوگوں کی خلافِ اسلام باتوں کا ابھی تک کوئی نوٹس نہیں لیا گیا۔ کیا کہا جائے کہ یہ سب کچھ بیرونی اشاروں اور موجودہ حکومت کی ملی بھگت سے ہو رہا ہے؟!

بہر حال آزادیِ نسواں کی اصطلاح کا باقاعدہ استعمال اٹھارہویں صدی عیسوی میں ہوا، جب یورپ کے فلاسفر اور اہلِ علم نے فرد کے حقوق کے لیے معاشرہ کے خلاف آواز بلند کی اور شخصی آزادی کا نعرہ لگایا، اس کے بعد بھی آوازیں اُٹھتی رہیں۔ ۵ تا ۹ جون

۲۰۰۰ء میں نیویارک میں جو کانفرنس منعقد کی گئی، اس کانفرنس کی درج ذیل سفارشات منظر عام پر آئیں:

۱:-خاتونِ خانہ کو گھریلو ذمہ داریوں اور تولیدی خدمات پر باقاعدہ معاوضہ دیا جائے۔

۲:-ازدواجی عصمت دری پر قانون سازی اور فیملی کورٹس کے ذریعہ مردوں کو سزا دلوائی جائے۔

۳:-ممبر ممالک میں جنسی تعلیم پر زور دیا جائے۔

۴:-اسقاطِ حمل کو عورت کا حق قرار دیا جائے۔

اور یہ تمام چیزیں اور نظریات در حقیقت پانچویں صدی عیسوی میں نیشاپور میں پیدا ہونے والے ایرانی فلسفی مزدک کے ہیں (جو پہلے زرتشت کا پیروکار تھا، لیکن بعد میں اس نے اپنا نیا مذہب وضع کرلیا) جن پر مغرب اور مغرب پرست معاشرہ آج کی مسلم خواتین کو چلانا چاہتا ہے، اس نے کہا: "تمام انسان مساوی ہیں، کسی کو کسی پر کوئی فوقیت نہیں، ہر وہ چیز جو ایک انسان کو دوسرے انسان سے بالاتر کر دے، وہ اس قابل ہے کہ اُسے مٹاکر رکھ دیا جائے۔ مزدک نے کہا کہ: دو چیزیں ہیں جو انسان کے درمیان ناجائز امتیازات کی دیواریں چنتی ہیں: جائیداد اور عورت، اس لیے کسی کی جائیداد پر کسی کا حقِ ملکیت نہیں اور نہ کوئی عورت کسی ایک شخص سے نکاح کا حق رکھتی ہے۔ تمام لوگوں کو جائیداد سے فائدہ اُٹھانے اور عورت سے لطف اندوز ہونے کا حق ہے۔ اس وجہ سے لوگ اس کی تحریک کا حصہ بنے۔ آج جو این.جی اوز اور اُن کی لے پالک خواتین و مرد اِس آزادیِ نسواں کا نعرہ لگا رہے ہیں، در حقیقت یہ لوگ مزدک ایرانی کے پیروکار ہیں اور بالکل اسی نہج پر پاکستانی عورت کو بھی مشترکہ پراپرٹی بنانا چاہتے ہیں، تاکہ پاکستانی

معاشرے اور خاندانی نظام کو جڑوں سے ہلایا جاسکے۔

مسلمانوں کو یہ بات اب سمجھ لینی چاہیے کہ عورت آزدی مارچ جیسی سرگرمیاں دراصل مغربی اور اسلامی تہذیب کے مابین جاری جنگ کا حصہ ہیں۔ مادر پدر آزاد مغربی تہذیب کے علمبردار اور اُن کے دیسی ٹاؤٹ میدانِ جنگ سے لے کر تہذیبی و ثقافتی سطح تک اسلامی تہذیب اور مسلمانوں کو مغلوب کرنے کے لیے ایڑی چوٹی کا زور لگا رہے ہیں۔ اس خطرناک صورت حال میں اسلامی تہذیب کی بقا و سلامتی کا واحد راستہ یہی ہے کہ مسلمان آقائے کریم a کی تعلیمات اور خاص طور پر سنتِ رسول (1) کو حرزِ جاں بنا لے۔ اللہ تبارک و تعالیٰ ان کے شر سے اُمتِ مسلمہ کی بہن بیٹیوں کی عزتوں کو محفوظ فرمائے اور اُن کے شر کو انہیں پر لوٹا دے اور مسلم معاشرہ کو اپنے حفظ و امان میں رکھے، اس کے ساتھ ساتھ ہر لحظہ یہ دعا بھی مانگتے رہنا چاہیے کہ باری تعالیٰ ہمارا، ہماری اولادوں اور نسلوں کا ایمان سلامت رکھے اور ایمان کی سلامتی کے ساتھ ہی اپنے پاس بلا لے، آمین

✾ ✾ ✾

خواتین کا رجال سازی میں کردار

مولانا عصمت اللہ نظامانی

ایک مشہور اور زبان زد مقولہ ہے کہ: "ہر کامیاب مرد کے پیچھے عورت کا ہاتھ ہے۔" دورِ حاضر میں چاہے اسے لطیفے اور مزاح کا رنگ دیا جاتا ہو یا کسی اور تناظر میں ذکر کیا جاتا ہو، مگر اس بات سے انکار نہیں کیا جاسکتا کہ ایک حد تک یہ مقولہ درست ہے، خصوصاً اُمتِ مسلمہ کے علماء اور اکابرینِ ملت کے حالات اور ان کی سوانحِ حیات کا مطالعہ کرنے سے مسلمان عفت مآب خواتین کے بارے میں یہ کہاوت پوری طرح صادق نظر آئے گی۔

بڑے بڑے فقہاء و محدثین اور دیگر مسلمان زعماء کی رجال سازی میں خواتین کا اہم کردار نظر آئے گا، عورت کہیں ماں کے روپ میں، کہیں بہن یا بیٹی کی صورت میں اور کہیں شریکِ حیات کی شکل میں مرد کی شخصیت سازی کرتی پائی جائے گی۔ ماضی کی جن قابلِ قدر ہستیوں پر مسلمان فخر کرتے ہیں، اور غیروں کے سامنے ان کے بلند پایہ کارنامے بیان کرتے ہیں، اگر ان کی تعلیم و تربیت، کردار سازی، حوصلہ افزائی اور شخصیت نکھارنے کے سلسلے میں عورت کی کاوش و کوشش شاملِ حال نہ ہوتی تو شاید اُن میں سے کئی حضرات تاریخ کا ایک گمشدہ باب ہو جاتے، اور ان کے "نام لیوا" تو کجا! نام لینے والے بھی نہ ہوتے۔ ذیل میں ہم مختصر طور پر خواتین کا رجال سازی میں کردار بیان

کریں گے۔

ا- نبی کریم صلی اللہ علیہ وسلم کی پھوپھی حضرت صفیہ رضی اللہ عنہا نے شوہر کی وفات کے بعد اکیلے ہی اپنے بیٹے حضرت زبیر بن عوام رضی اللہ عنہ کی تربیت پر خصوصی دھیان دیا تھا، اور بڑی توجہ سے ان میں بہادری، شجاعت، تحمُّل وبردباری اور دیگر اعلیٰ صفات پیدا کرنے لیے جدوجہد کی تھی، چنانچہ حضرت صفیہ رضی اللہ عنہا کو ان پر سختی بھی کرنا پڑتی، اور کبھی تادیباً مارنے کی نوبت بھی آجاتی تھی۔ حضرت زبیر رضی اللہ عنہ کا چچا نوفل یہ دیکھ کر حضرت صفیہ رضی اللہ عنہا کو ڈانٹتا کہ " اِنک لتضربینہ ضرب مبغضۃ" یعنی تم بچے کو بالکل دشمنوں کی طرح مار رہی ہو، لیکن حضرت صفیہ رضی اللہ عنہا ان کو جواب دیتی کہ یہ سب اس کی تربیت کی وجہ سے ہے، اور اشعار کہتیں، ایک مصرعہ حسبِ ذیل ہے:

من قال: اِنّي اُبغضہٗ فقد کذب
واِنّما اُضربہٗ لکي یلب (ا)

ترجمہ: "جس نے یہ کہا کہ میں اس سے بغض رکھتی ہوں، اس نے جھوٹ کہا، میں تو اس کو صرف اس وجہ سے مارتی ہوں کہ وہ عقلمند ہو۔"

پھر آنے والے لوگوں نے حضرت صفیہ رضی اللہ عنہا کی بہترین تربیت اور شخصیت سازی کا نتیجہ دیکھا کہ حضرت زبیر بن عوام رضی اللہ عنہ نڈر مجاہد اور اسلام کے ایک سپاہی بن کے پوری زندگی دینِ حق کی سربلندی کے لیے جدوجہد کرتے رہے۔

w- حضرت ربیعۃ الرائے رحمۃ اللہ علیہ ایک بلند پایہ فقیہ اور مشہور محدث ہیں، وہ ابھی شکمِ مادر میں تھے کہ ان کے والد کو جہاد کی غرض سے مسلمانوں کے لشکر میں شامل ہو کر خراسان جانا پڑا۔ روانگی سے قبل انہوں نے اپنی بیوی کو تیس ہزار دینار دیئے تھے،

تاکہ بوقتِ ضرورت کام آئیں، لیکن پھر ایسے حالات پیدا ہوگئے کہ ستائیس سال بعد اپنے گھر واپس لوٹے۔ اس دوران حضرت ربیعۃ الرائےؒ کی والدہ نے تنہا ہی ان کی عمدہ تربیت کی، انہیں تعلیم دلائی، جس کے نتیجہ میں وہ اپنے زمانے کے بڑے محدث اور فقیہ بن گئے۔

حضرت ربیعہؒ اور ان کے والد کی پہلی ملاقات کا قصہ دلچسپی سے خالی نہیں ہوگا کہ جب ستائیس سال بعد فروخ گھر لوٹے تو اپنے ہاتھ میں موجود نیزے کے ذریعے دروازہ کھٹکھٹایا، حضرت ربیعہؒ باہر نکل آئے، باپ بیٹے نے ایک دوسرے کو کبھی دیکھا نہیں تھا، اس لیے حضرت ربیعہؒ نے جب انہیں اس حال میں دیکھا تو اندیشہ ہوا کہ کہیں حملہ آور نہ ہو، اس لیے کہا: "یاعدو اللہ! أتھجم علی منزلي" یعنی اے اللہ کے دشمن! میرے گھر پر حملہ کرنا چاہتے ہو؟ فروخ کہنے لگا: "یاعدو اللہ! أنت رجل دخلت علیٰ حرمتي"۔۔۔۔ "اے اللہ کے دشمن! تم میری عزت و حرمت پر داخل ہوئے ہو۔"

ان دونوں کے درمیاں جھگڑا ہونے لگا، پڑوسی جمع ہوگئے، امام مالکؒ اور دیگر اہلِ علم حضرت ربیعۃ الرائےؒ کی مدد کرنے لگے۔ حضرت ربیعہؓ کا کہنا تھا کہ اس کو سلطان کے پاس لے کر جاؤں گا۔ فروخ کہنے لگے کہ: یہ میری بیوی کے ساتھ موجود تھا۔ جب امام مالکؒ نے اس کو سمجھایا کہ اس گھر کے علاوہ کہیں اور چلے جاؤ، تب انہوں نے کہا کہ یہ میرا گھر ہے، میں فروخ ہوں۔ یہ سن کر ان کی بیوی گھر سے نکل آئی اور کہنے لگی کہ: یہ تمہارا بیٹا ہے، جب تم گئے تھے تو میں حاملہ تھی، چنانچہ دونوں باپ بیٹے گلے مل کر رونے لگے۔

کچھ دیر کے بعد حضرت ربیعہؒ مسجد چلے گئے، تو فروخ نے اپنی بیوی سے بوقتِ رخصت دیئے گئے تیس ہزار دینار کے بارے میں پوچھا، اس نے جواب دیا کہ میں نے وہ ایک جگہ لگا دیئے ہیں، عنقریب آپ کو دوں گی۔ پھر فروخ سے کہا کہ مسجد جاکر نماز پڑھ

لیں، چنانچہ انہوں نے نماز پڑھی اور پھر وہاں ایک حلقے کے قریب ٹھہر گئے، جہاں امام مالکؒ سمیت کئی اہلِ علم موجود تھے، اور ان کے درمیان ایک نوجوان بیٹھا تھا، چونکہ اس کا چہرہ نیچے کی طرف تھا، اور سر پر ٹوپی اور عمامہ تھا، اس لیے فروخ اس کو پہچان نہ سکے اور اپنے نزدیک بیٹھے لوگوں سے پوچھا کہ یہ کون ہے؟ انہوں نے کہا کہ یہ ابو عبد الرحمٰن فروخ کا بیٹا ربیعہ ہے۔ فروخ بہت خوش ہوئے اور گھر آکر بیوی سے کہنے لگے کہ میں نے تمہارے بیٹے کو ایسی عمدہ حالت میں دیکھا ہے کہ دوسرے کسی فقیہ یا عالم کو نہیں دیکھا، اس پر ان کی بیوی کہنے لگی:

"أیما أحب إلیک ثلاثون ألف دینار، أوہٰذا الذي ہو فیہ من الجاہ؟"

ترجمہ: "آپ کو کیا زیادہ پسند ہے؟ تیس ہزار دینار یا بیٹے کی یہ عزت جو اس کو حاصل ہے؟"

"فروخ نے جواب دیا کہ اللہ کی قسم! یہ حالت مجھے زیادہ پسند ہے، تو بیوی نے بتایا کہ وہ تمام دینار بیٹے کی تعلیم و تربیت پر خرچ کر دیئے تھے۔"(۲)

۲- مشہور و معروف محدث، امیر المؤمنین فی الحدیث حضرت سفیان ثوری رحمۃ اللہ علیہ سے کون ناواقف ہو گا، دورانِ طالب علمی ان کے مالی حالات کمزور تھے، اس لیے انہیں کسبِ معاش کی فکر ہوئی، لیکن ان کی ماں نے انہیں فکرِ معاش سے آزاد کر کے پڑھائی اور طلبِ علم کے لیے فارغ کر دیا، چنانچہ وہ سوت کات کر اسے فروخت کرتیں، اور اپنے بیٹے سفیان ثوری کی پرورش و کفالت کرتی تھیں، جیسا کہ امام وکیعؒ فرماتے ہیں:

"قالت أم سفیان الثوري لسفیان: یا بني! اطلب العلم وأنا أکفیک من مغزلي۔"(۳)

ترجمہ: "حضرت سفیان ثوریؒ کی والدہ نے اپنے بیٹے سے کہا: اے میرے بیٹے! علم

طلب کرو، میں تمہاری اپنے تکلہ (سوت کاتنے کا آلہ) کے ذریعے کفالت کروں گی۔"

بلکہ وہ وقتاً فوقتاً حضرت سفیان ثوریؒ کو تحصیلِ علم سے متعلق نصائح بھی کرتی رہتی تھیں، چنانچہ ایک مرتبہ نصیحت کرتے ہوئے فرمایا:

"یا بنی! إذا کتبت عشرة أحرف، فانظر ہل تری نفسک زیادۃ فی مشیک وحلمک ووقارک، فإن لم یزدک فاعلم أنہ لایضرک ولاینفعک۔"(۴)

ترجمہ: "اے میرے بیٹے! جب تم دس حروف سیکھ لو تو دیکھو کہ کیا تمہاری چال ڈھال، حلم وبردباری اور وقار میں اضافہ ہوا ہے؟ اگر کچھ زیادتی نہ ہوئی ہو تو جان لو کہ یہ علم نہ تمہیں نقصان پہنچائے گا اور نہ ہی نفع دے گا۔"

ماں کی ایسی عمدہ پرورش اور تربیت کی وجہ سے حضرت سفیان ثوریؒ امیر المؤمنین فی الحدیث اور اپنے عہد کے بے مثال محدث بنے۔

۳- حضرت امام مالک بن انس رحمۃ اللہ علیہ ائمہ اربعہ میں سے ایک ہیں، ان کو علمِ حدیث اور فقہ دونوں میں بلند مقام حاصل تھا، جب انہوں نے اپنی والدہ کے پاس آ کر طلبِ علم کے لیے جانے کی اجازت چاہی تو ان کی والدہ نے انہیں عمدہ کپڑے پہنائے، سر پر ٹوپی پہنا کر اس پر عمامہ باندھا، اور پوری طرح تیار کر کے طلبِ علم کے لیے بھیجا۔(۵)

اور یہ تیاری ایک دن کے لیے نہیں تھی، بلکہ امام مالک رحمۃ اللہ علیہ کی والدہ انہیں باقاعدگی سے تیار کرتی تھیں۔ اسی طرح طلبِ علم کے ساتھ ادب واخلاق کی تعلیم حاصل کرنے کی بھی انہیں ترغیب دیتی تھیں، چنانچہ امام مالکؒ فرماتے ہیں:

"کانت أمي تعممني وتقول لي: اذہب إلی ربیعۃ، فتعلم من أدبہ قبل علمہ۔"(۶)

ترجمہ: "میری والدہ مجھ کو عمامہ باندھتی اور مجھ سے کہتی تھی کہ ربیعہ کے پاس جا کر اس کے علم سے پہلے اس کا ادب سیکھو۔"

۴- علامہ ابن حجرؒ کی ہستی سے کون ناآشنا ہو گا۔ ان کی تالیفات، خصوصاً حدیث اور علومِ حدیث میں خدمات سے آج تک اہلِ علم مستفید ہو رہے ہیں۔ ان کی تربیت میں بھی ان کی بہن "ست الرکب" کا بڑا دخل تھا۔ حافظ ابن حجرؒ کے بچپن میں ہی ان کے والدین کا انتقال ہو گیا تھا، چنانچہ ان کی بہن نے پہلے خود تعلیم حاصل کی، اور مختلف علوم میں مہارت حاصل کی، اور پھر اپنے چھوٹے بھائی کی شخصیت سازی کی طرف متوجہ ہوئیں، حالانکہ خود بھی کم عمر تھیں، جیسا کہ علامہ ابنِ حجرؒ ان کے بارے میں تحریر فرماتے ہیں:

"وكانت بي برّة، رفيقة، محسنة، جزاها الله تعالى عني خيراً، فلقد انتفعت بها وبآدابها مع صغر سنها۔" (۷)

ترجمہ: "وہ میرے ساتھ نیکی واحسان کرنے والی ساتھی تھیں، (اللہ تعالیٰ میری طرف سے اس کو بہترین بدلہ عطا فرمائے) اس کی کم عمری کے باوجود میں نے اس سے اور اس کے آداب واخلاق سے بہت استفادہ کیا۔"

اسی طرح علامہ ابنِ حجرؒ ان کی بہت تعریف کیا کرتے تھے، اور اس کو اپنی ماں کا درجہ دیتے تھے، جبکہ ان دونوں کی عمروں میں تقریباً تین سال کا ہی فرق تھا، چنانچہ وہ فرماتے ہیں:

"وكانت قارئة كاتبة أعجوبة في الذكاء، وهي أمي بعد أمي۔" (۸)

ترجمہ: "وہ قاریہ، کاتبہ اور ذہانت میں عجوبۂ روزگار تھی، اور میری حقیقی ماں کے بعد میری ماں تھی۔"

خلاصہ یہ ہے کہ تاریخ گواہ ہے کہ مشاہیرِ ملت اور اُمتِ مسلمہ کے اکابرین کے بلند مقام و مرتبے اور ان کی کامیابی و کامرانی کے پیچھے عفت مآب خواتین کا ہاتھ نظر آئے گا، پہلے خواتین اسلامی تعلیمات سے واقف اور اپنی ذمہ داریوں سے آگاہ ہوتی تھیں، ان

کو معلوم تھا کہ وہ ایک فرد کی نہیں، بلکہ ایک معاشرے کی تربیت اور شخصیت سازی کر رہی ہیں، اور زمانے نے دیکھا کہ ان اکابرین میں سے ایک ایک فرد امت کا رہنما و پیشوا بنا، لہٰذا خواتین کے رجال سازی میں کردار کو پیشِ نظر رکھتے ہوئے اگر یہ کہا جائے تو بے جا نہیں ہو گا کہ: "ہر کامیاب مرد کے پیچھے عورت کا ہاتھ ہے۔"

حواشی و حوالہ جات:

۱-الإصابة في تمييز الصحابةؓ لابن حجر، (۲/۴۵۸)، رقم الترجمة: ۲۷۹۶، الناشر: دار الكتب العلمية- بيروت، ط:۱۴۱۵ھ

۲-تاریخ بغداد للخطيب، (۸/ ۴۲۲)، الناشر: دار الكتب العلمية- بيروت، ط:۱۴۱۷ھ

۳-تاریخ جرجان للجرجاني، (ص:۴۹۲)، الناشر: عالم الكتب- بيروت، ط:۱۴۰۷ھ - ۱۹۸۷ء

۴-صفوة الصفوة لابن الجوزي، (۳/۱۸۹)، الناشر: دار المعرفة، بيروت

۵-الديباج المذهب في معرفة أعيان المذهب لليعمري، (۱/۹۸)، الناشر: دار التراث للطبع والنشر، القاهرة

۶-ترتيب المدارك وتقريب المسالك للقاضي عياض، (۱/ ۱۳۰)، الناشر: مطبعة القضالة- المحمدية، المغرب

۷-المجمع المؤسس للمعجم المفهرس لابن حجر، (۳/ ۱۲۲)، الناشر: دار المعرفة- بيروت

۸-إنباء الغمر بأبناء العمر لابن حجر، (۳/ ۳۰۲)، الناشر: دار الكتب العلمية- بيروت، ط: ۱۴۰۶ھ - ۱۹۸۶ء

٭٭٭

اسلام میں حقوق نسواں کا مکمل تحفظ

حمیرا علیم

اکثر اہل مغرب اسلام کے خلاف پروپیگنڈہ کرتے ہیں کہ اسلام نے عورت کو قید کر دیا ہے اور اس کے حقوق غصب کر لیے ہیں۔اور عورت ایک باندی سے زیادہ کچھ نہیں۔ہم نے اپنی عورت کو آزادی دی ہے وہ ہر معاملے میں آزاد ہے۔اور ہماری مسلم خواتین خصوصاً مشرقی خواتین اس پروپیگنڈے کا شکار ہو کر اپنے آپ کو مظلوم ترین مخلوق سمجھتی ہیں۔

الحمدللہ میں ایک مسلمان عورت ہوں۔اور یہ اچھی طرح سے جانتی ہوں کہ جتنے حقوق اسلام نے ہمیں ۱۴۰۰ سال پہلے دیے ہیں اتنے ۲۰۲۰ میں بھی کسی مغربی خاتون کو حاصل نہیں نہ ہی کبھی ہوں گے۔اللہ تعالٰی نے پوری ایک سورت النساء عورتوں کے لیے نازل فرمائی۔سورہ نور اور دوسری بہت سی سورتوں میں عورتوں کے حقوق بیان ہوئے ہیں۔

آیئے پہلے قرآن و حدیث کی روشنی میں انکا جائزہ لیتے ہیں پھر دیکھتے ہیں کہ مسلم معاشرے اور حکمرانوں نے کیسے ان احکام پر عمل کیا اور انکا نفاذ کیا۔

اسلام کہتا ہے کہ ماں کے قدموں کے نیچے جنت ہے۔اگر اولاد والدین کی خدمت کرے گی تو اس کے لیے جنت کی بشارت ہے: والدین، رشتے داروں، یتیموں مسکینوں سے

نیک سلوک کرو۔") سورہ البقرہ آیت ۸۳)

"والدین کے ساتھ حسن سلوک کرو۔ اگر ان دونوں میں ایک یا دونوں تمہارے پاس بڑھاپے کو پہنچ جائیں تو انہیں اف تک نہ کہو۔ اور نہ انہیں جھڑکو اور ان سے نرمی سے بات کرو اور محبت سے ان کے سامنے جھک جاؤ اور ان کے لیے دعا کرو یہ کہہ کر: اے رب! ان پر رحم فرما جس طرح انہوں نے بچپن میں مجھے شفقت سے پالا تھا"۔ (سورہ بنی اسرائیل ۲۳-۲۴)

حدیث میں ماں کا رتبہ کچھ اس طرح بیان کیا گیا ہے۔

"ایک شخص نے دریافت کیا "اے اللہ کے رسول! میرے حسن سلوک کا سب سے زیادہ حقدار کون ہے۔ آپ نے فرمایا: "تیری ماں"۔

پھر عرض کی "اس کے بعد؟" فرمایا "تیری ماں"۔

عرض کی "پھر اس کے بعد؟" آپ نے فرمایا "تیری ماں"۔

کہا "پھر کون؟" فرمایا "تیرا باپ"

اب دیکھتے ہیں کہ بطور بیوی عورت کو کیا حقوق دیئے گئے ہیں۔

"عورتوں کو ان کے مہر خوشی سے ادا کرو") النساء ۴)

" اور عورتوں کا حق ایسا ہی ہے کہ جیسے دستور کے مطابق مردوں کا عورتوں پر ہے "(البقرہ ۲۲۸:)

"اور عورتوں سے معروف طریقے سے نباہ کرو۔ "(النساء ۱۹)

"تم نے ان کو بہت سامال بھی دیا ہو تو اس میں سے کچھ واپس نہ لو "(النساء ۲۰:)

" مرد عورتوں کے کفیل ہیں۔ اللہ نے ان میں سے ایک کو دوسرے پر فضیلت دی ہے اور اس کی وجہ یہ بھی ہے کہ وہ اپنے مالوں میں سے خرچ کرتے ہیں "(النساء ۳۴)

"اگر تمہیں خطرہ ہو کہ انصاف نہ کر سکو گے تو ایک ہی سے نکاح کرو۔"(النساء۳)

جو عورتیں تمہیں پسند آئیں ان سے نکاح کرو۔ دو، تین اور چار سے۔ اور اگر تمہیں اندیشہ ہو کہ تم انصاف نہیں کر سکو گے تو ایک ہی پر اکتفا کرو۔"(النور۳۲)

"تمھارے لیے حلال نہیں کہ تم عورتوں کے زبردستی وارث بن جاؤ اور اس مقصد سے روکو کہ جو مہر تم دے چکے ہو اس کا کچھ حصہ واپس لے لو۔" النساء۲۰

"اگر تم ایک بیوی کی جگہ دوسری لانا چاہو اور تم نے انکو بہت سا مال دے رکھا ہو تو اس میں سے کچھ بھی واپس نہ لو۔"(الطلاق ۷، ۶، ۲، ۱)

"جن عورتوں کو طلاق دی گئ ہو انہیں بھی دستور کے مطابق کچھ دے دلا کر رخصت کرو۔"(البقرہ ۲۴۱)

اسی طرح عورتوں کے حقوق کے سلسلے میں متعدد احادیث بھی موجود ہیں۔

رسول اللہؐ نے فرمایا:"عورتوں کا حق تمھارے اوپر یہ ہے کہ لباس اور طعام میں انکے ساتھ اچھا رویہ اپناو۔"(ترمذی)

رسول اللہؐ کا ارشاد ہے "سب سے اچھا انسان وہ ہے جو اپنے گھر والوں کے ساتھ اچھا ہے"

نبی صلی اللہ علیہ و آلہ وسلم کی بیک وقت ۹ بیویاں ان کے ساتھ رہتی تھیں۔ اور ان سب کے پاس غلام اور لونڈیاں بھی تھیں۔ اس کے باوجود نبی صلی اللہ علیہ و آلہ وسلم اپنے کپڑے خود دھو لیتے، جوتے گانٹھ لیتے، بکری کا دودھ دوہ لیتے، کپڑوں پر پیوند لگا لیتے، ازدواج کو آگ جلا کر دیتے آٹا گوندھ دیتے۔ ان کے ساتھ کھیلتے ہنسی مذاق کرتے۔

بیٹی کو اس قدر عزت اور محبت دی گئی۔ کہ جب فاطمہ رضی اللہ عنہا نبی صلی اللہ علیہ و آلہ وسلم سے ملنے آتیں تو نبی صلی اللہ علیہ و آلہ وسلم اٹھ کر جاتے ان کے ماتھے پر بوسہ

دیتے ہاتھ پکڑ کر لاتے اپنی چادر بچھاتے اور اس پر اپنے پاس بٹھاتے۔

اسلام نے عورتوں کو وراثت میں حصہ دینے کی بھی تاکید کی ہے: "جو مال ماں باپ اور رشتے دار چھوڑ کر مر جائیں، تھوڑا ہو یا زیادہ اس میں مردوں کا بھی حصہ ہے اور عورتوں کا بھی یہ (اللہ) مقرر کیے ہوئے حصے ہیں۔") النساء)

ہمیں بہت سی ایسی مثالیں ملتی ہیں جن سے یہ ثابت ہوتا ہے کہ عورت ہر کام کرنے میں آزاد ہے۔ خدیجہ رضی اللہ عنہا ایک بزنس وومن تھیں جن کا مال تجارت مکہ کے مال تجارت کا آدھا ہوتا تھا۔ عائشہ رضی اللہ عنہا ایک ایجوکیٹر، راوی حدیث اور فقیہ تھیں۔ ام سلمی کونسلر تھیں۔ عمر رضی اللہ عنہ کے بعد لکھا ہوا قرآن حفصہ بنت عمر رضی اللہ عنہ کے پاس رہا۔ الشفا بنت عبد اللہ کو عمر رضی اللہ عنہ نے مارکیٹ مینیجر اور انسپکٹر بنایا۔ رفیدہ رضی اللہ عنہا بدر کی جنگ میں بطور نرس زخمیوں کی دیکھ بھال کرتی رہیں۔ نسیبہ بنت سعد جنگ احد میں صحابہ کے ساتھ لڑیں۔

عائشہ بنت محمد نے معروف علما کو پڑھایا جن میں حجر العسقلانی بھی شامل تھے۔ انکے علاوہ حجر نے ۵۳ خواتین علماء سے تعلیم حاصل کی۔ ۷ ویں صدی میں ام درداء حدیث و فقہ پڑھاتی تھیں۔ ۹ ویں صدی میں فاطمہ الفہریہ نے مراقش میں مسجد بنائی۔ ۸۵۹ میں تیونس میں دنیا کی پہلی خواتین کی یونیورسٹی بنائی University of Qarawiyyin Fez۔ Morroco ۱۰ ویں صدی میں قرطبہ میں فاطمہ ۷۰ لائبریریوں کی نگران تھیں جن میں ۴ لاکھ کتب تھیں۔ ۱۰ ویں صدی میں سطیتہ المحملی بغداد میں ایک Mathematician، حدیث، فقہ اور عربی ادب کی عالم تھیں۔

۱۱ ویں صدی میں بنفشہ الرمیہ نے اسکول، پل اور بے گھر لوگوں کے لیے شیلٹر ہومز بنائے۔ ۱۵ ویں صدی میں حورم سلطان نے ترکی میں بہت سے ادارے

بنوائے۔ استنبول میں ایک مسجد کمپلیکس بنوایا جس میں مدرسہ، عوام کے لیے کچن اور حمام تھے۔ مکہ میں ۱۴ اسکول اور یروشلم میں مسجد بنوائی۔ دو اسکولز اور ایک خواتین کا ہسپتال بنوایا۔

خلیفہ ہارون الرشید کی بیگم زبیدہ نے بہت سے کنویں، نہریں کھدوائیں۔ حجاج کے لیے مکہ جانے والے رستے کے ساتھ ساتھ گیسٹ ہاوسز بنوائے۔ ملکہ Zazzu آمنہ نے نائجیریا میں ۳۴ سال بطور ملٹری جنرل کام کیا۔ ۱۸۱۹ سے ۱۹۲۴ تک بھوپال میں بیگم خورشید جہان حکمران رہیں۔

لبانہ قرطبہ کی سائنس، حساب، جیومیٹری اور الجبرا کی عالم تھیں اور جیومیٹری اور الجبرے کا مشکل مسئلہ بھی آسانی سے حل کر لیتی تھیں اموی خلیفہ الحکم کی پرائیویٹ سیکرٹری تھیں۔ انڈیا کی راسہ نے میڈیکل کی کتاب لکھی۔ حلب کی ال اجلیہ بنت ال اجلی نے Astrolab بنائی۔ مصر کی زینب الغزالی ایک activist تھیں۔

آج کے دور میں بھی ہزاروں ایسی مثالیں ہیں جو ثابت کرتی ہیں کہ ہم ہر شعبہ ہائے زندگی میں کام کر رہی ہیں۔ دنیا کی پہلی مسلم فائٹر پائلٹ ترکی کی Sabiha Gokcen ۱۹۴۰ میں تھیں۔ مسلم خواتین لیکچررز، پروفیسرز، ڈاکٹرز، سرجنز، سائنسدان، پائلٹس، فوجی، جنرلز، وزیر اعظم، نیوٹریشنسٹ، آرکیٹکٹ اور انجینیر غرض ہر فیلڈ میں excel کر رہی ہیں۔

اللہ تعالیٰ نے نہ صرف ہمیں گھر، پیسے، ضروریات زندگی، گواہی کا حق، پڑھنے جاب کرنے، بزنس کرنے، سیر و تفریح کرنے سب چیزوں کا حق دیا ہے۔ بلکہ ہمیں یہ سب چیزیں مہیا کرنے کی ذمہ داری ہمارے خاندان کے مردوں پر عائد کی ہے۔ باپ، بھائی، میاں، بیٹے، چچا، ماموں، سسرالی مردوں اور اگر یہ سب نہ ہوں تو حکمران وقت کی ذمہ

داری ہے۔؟

اگر ہم بہت مالدار رہوں تب بھی ہم اپنے گھر کے مردوں کی ذمہ داری میں ہیں۔ اگر عورت کی رضامندی نہ ہو تو نکاح فسخ ہو سکتا ہے۔ اگر عورت کو شوہر پسند نہ ہو تو وہ خلع لے سکتی ہے۔ اپنے ہی بچے کو دودھ نہ پلانا چاہے تو کوئی حرج نہیں شوہر کوئی آیا مہیا کرنے کا پابند ہے۔ اگر اپنا ہی بچہ جنے اور اس کو دودھ پلائے تو اضافی خرچہ لے سکتی ہے اور مرد دینے کا پابند ہے اگر وہ سسرال کے ساتھ نہ رہنا چاہے تو اسے الگ گھر کا حق حاصل ہے۔ مرد پر ذمہ داری ہے کہ وہ ماں، بیٹی، بیوی، حتی کہ بیوی بہن ہر رشتے کے حقوق ادا کرنے کا پابند ہے۔ اسکی ذمہ داری ہے کہ وہ عورت کو پردہ کروائے اور اسے ایسی زندگی مہیا کرے کہ اسے کسی بھی چیز کے لیے گھر سے باہر نکلنے کی ضرورت نہ پڑے۔ طلاق کی صورت میں پہاڑ برابر تحائف بھی دیے ہوئے ہوں کچھ واپس نہیں لے سکتا بلکہ استطاعت کے مطابق کچھ دے کر رخصت کرنے کا حکم ہے۔ حسن رضی اللہ عنہ نے ایک خاتون کو طلاق دی تو ۱۰ ہزار درہم دیکر رخصت کیا۔ اگر بچے ہوں تو انکا نان نفقہ رہائش بھی والد کی ذمہ داری ہے۔ عدت کی مصلحت یہ ہے کہ بچے کی ولدیت پتہ چل جائے اور وراثت کا مسئلہ نہ ہو۔

پردے کے ذریعے اسلام نے عورت کو ایک ڈھال فراہم کی ہے جو اسے ہر بری نظر اور فتنہ سے بچاتی ہے۔ قصہ مختصر اسلام ہمیں قیمتی متاع کی طرح برتاؤ کرتا ہے۔ اسے "رباط البیت" گھر کی ملکہ کہتا ہے۔

اب دیکھتے ہیں مغرب عورت کے ساتھ کیسا سلوک کرتا ہے۔ ماضی میں تو ایک لمبی فہرست ہے جو انکی ذلت کی دلیل ہے انہیں جائداد میں کوئی حصہ نہیں دیا جاتا تھا۔ periods میں ایک اچھوت کی طرح سلوک کیا جاتا تھا۔ پڑھنے، ووٹ اور طلاق کا

حق نہ تھا۔۔ ہم صرف آج کے دور کی عورت کا مقابلہ ایک مسلمان عورت سے کرتے ہیں۔ مغرب نے عورت کو ایک شو پیس بنا کر رکھ دیا ہے۔ جس کا مصرف صرف مرد کی جسمانی تسکین ہے۔ مرد اس کی کوئی ذمہ داری نہیں اٹھاتا۔ پہلے تو شادی کرتا نہیں کر بھی لے تو ہر چیز ہر خرچ آدھا عورت کے ذمے ہوتا ہے۔ شادی شدہ ہو یا غیر شادی شدہ بچے پیدا کر کے چھوڑ جاتا ہے اور عورت بیچاری اکیلی کماتی بھی ہے بچے بھی پالتی ہے اور گھر بھی سنبھالتی ہے۔ کوئی ایک لائف پارٹنر نہ ہونے کی وجہ سے باپ کا پتہ ہی نہیں ہوتا سو کوئی ذمہ داری بھی نہیں لیتا۔ بڑھاپے میں اولڈ ہوم میں چھوڑ دیا جاتا ہے۔ پھر بھی مشرقی عورت مغربی عورت کو آئیڈیل کے طور پر دیکھتی ہے۔

اسلام نے تو عورت کو واقعی ملکہ کی حیثیت دی ہے یہ الگ بات ہے کہ دین سے دوری، قرآن و سنت سے لا علمی اور عمل نہ ہونے کی وجہ سے اور ہنود سے متاثر ہونے کی وجہ سے معاشرہ اور مرد ہمیں یہ تمام حقوق نہیں دیتا۔ مگر اس میں اسلام کا کوئی قصور نہیں ہے۔ کچھ مغربی تجزیہ کار تو اسلام کو feminist مذہب بھی کہتے ہیں۔ کیونکہ یہ دنیا کا واحد مذہب ہے جو عورتوں کو حقوق دیتا ہے۔ کاش کہ معاشرہ بھی انکی ادائیگی میں اپنا رول ادا کرے۔

✵ ✵ ✵

تحریک حقوق نسواں کی بے اعتدالیاں

محمد شعیب ندوی

قدیم میسیحت کا عورت کے متعلق نظریہ انتہائی ناقص تھا۔ عورت اور مرد کے صنفی تعلقات کو قابل نفرت قرار دیا جاتا اگرچہ جائز طریقہ پر ہی کیوں نہ ہوں۔ صرف تجرد اخلاق کا اعلی معیار تھا۔ رہبانیت کے خاتمہ، صنف اناث کو پستی سے ترقی پر پہنچانے اور عورت کے حقوق کی بحالی کیلئے یورپ کے فلاسفہ و اہل قلم نے شخصی آزادی، مرد و عورت میں مساوات اور آزادی نسواں کا صور پھونکا۔ چنانچہ مسیحی اخلاقیات کی حدود وقیود کو توڑ کر نئے نظام معاشرت کی بنیاد قائم کی گئی۔ نئے نظام میں عورت کو اخلاقی و انسانی اور قانونی حیثیت سے مرد کے مساوی قرار دیا گیا۔ مذہبی تعلیمات، اخلاقی بندشوں اور سوسائٹی کے اصول و ضوابط کو پس پشت ڈال کر نام نہاد خوشحال و ترقی یافتہ تہذیب و تمدن کی بناڈالی گئی۔ جس میں انسان کو مطلق آزاد سمجھا گیا کہ اپنی ضروریات اور خواہشات جس وقت جس طرح چاہے پوری کرے۔ چنانچہ جنسی بے راہ روی عام ہونے لگی۔

آزادی نسواں کے مقاصد

اس تحریک کے تصورات موجودہ نظام سرمایہ داری، جمہوری نظام تمدن اور جدید اخلاقی نظریات کی دَین ہیں۔ ان تین عناصر نے اس تحریک اور مطلق آزادی کے تصور کو ترقی دی۔ موجودہ نظام سرمایہ داری نے جماعت پر فرد کے مفاد کو ترجیح دی۔ اس کے لیے

قانونی بندشوں کو توڑا گیا اور جدید اخلاقی نظریات کو پھیلایا گیا۔ ادیبوں، شاعروں، خطیبوں، مصنفوں نے اس رجحان کی حمایت کی اپنی تمام توانائی اباحت مطلقہ کی تائید میں صرف کر دی۔ عورتوں کو خود کفیل بنانے کی ترغیب دی۔ مرد اور عورت کی مساوات کا نعرہ لگایا۔ اس کے لئے ڈرامہ، افسانہ اور آرٹ کی خدمات حاصل کی گئیں۔ اس رجحان کے خلاف آواز اٹھانے والوں کو دقیانوس، قدامت پرست، تاریک خیال اور آرٹ کی ترقی کا مخالف تصور کیا گیا۔

اس تحریک کے نقصانات

اس بے دریغ آزادی کی وجہ سے معاشرہ میں جنسی انارکی عام ہوئی۔ فواحش کی کثرت اور جسمانی قوتوں کے انحطاط کی بنا پر قومی زوال و تباہی کا بگل بج گیا۔ مہلک بیماریوں کا وجود اور عائلی زندگی کا انتشار اس کے نتائج تھے۔ حیوانوں کی طرح شہوانی خواہشات کو علی الاعلان پورا کیا جانے لگا۔ عائلی زندگی کے معاملات و ذمہ داریوں میں اپنے آپ کو جکڑنے کو عار سمجھا گیا۔ نکاح کو پرانا طریقہ قرار دیا گیا۔ بے راہ روی پر کسی طرح کی ملامت نہ کی جاتی بلکہ اس کو جائز و مستحسن قرار دیا جانے لگا۔ آزادانہ صنفی ارتباط کو باعث فخر سمجھا گیا۔

اس بے جا آزادی کی راہ میں جو اخلاقی و سماجی بندشیں حائل ہوتیں، ان کو اپنی تدابیر کے ذریعہ ماہرین نے رفع کر دیا۔ منع حمل، اسقاط حمل، قتل اطفال اور نسل کشی کی شرح میں اضافہ ہوا۔ مطلق شخصی آزادی کے تصور نے جسمانی و خواہش کو پورا کرنے میں اخلاق و قانون کے معیار کو ہی بدل دیا۔ نکاح و سفاح کو برابر کا ہی نہیں بلکہ سفاح و زنا کو صواب اور نکاح کو عیب قرار دے دیا۔ مرد و زن کا آزادانہ اختلاط، مطلق مساوات و برابری، عورتوں کا معاشی استقلال مطلوب امور قرار پائے۔ عورت کی اصلی و فطری

صلاحیتوں و قابلیتوں کا گلا گھونٹ کر اس میں مصنوعی مردانگی کا صور پھونکا گیا۔ صنف ناز کو دفتروں، کالجوں، آفسوں، کارخانوں الغرض امور خانہ داری کے علاوہ تمام شعبہ ہائے زندگی میں ترقی سے نوازا گیا۔ ان میں اس کی خدمات حاصل کی گئیں۔ نظام سرمایہ داری نے اشیاء کی فروخت کے لیے عورت کا استحصال کیا۔ اسے جاذب نظر ساڑیوں، نیم عریاں بلائوزوں میں سڑکوں پر گھما کر اور زینت اسٹیج بنا کر اس کے حسن کی نمائش کی گئی۔ تاکہ مردوں میں شہوت کی آگ بھڑکے اور ان کو فریب میں مبتلا کیا جا سکے۔

اس سے صنفی میلان و جذبات میں شدت بڑھی۔ نسلیں کمزور ہوئیں، جسمانی و عقلی قوتوں کا نشو نما متاثر ہوا اور فواحش کی کثرت ہوگئی۔ مرد و عورت فطرت سے بغاوت کر کے اپنی بہیمیت کے ذریعہ حیوانات سے بازی لے گئے۔

اس تحریک آزادی نسواں کے بالمقابل اسلام کے عادلانہ تصور مساوات کا جائزہ لیتے ہیں۔ جس سے یہ حقیقت عیاں ہو جائے گی کہ مسائل کا حل اسلامی نظام حیات میں پنہاں ہے۔

اسلام کا تصور

دنیا میں عورت کے متعلق عموماً افراط و تفریط کا رویہ رہا ہے۔ کسی نے اس کے ساتھ ناروا سختی کی اور اس کے وجود کو موجب عار سمجھا۔ کسی نے اس کو اتنی آزادی دی کہ فساد کے جراثیم قومی ہلاکت و تباہی کے باعث بنے ترقی و خوشحالی کے نام پر اس کو فطرت کے خلاف استعمال کیا گیا لیکن اسلام نے نقطۂ عدل قائم کیا جس سے عورت کو اس کا کھویا ہوا مقام مل گیا۔ اسلام نے عورت کو اس کی فطری صلاحیتوں و قابلیتوں کے مطابق ہر شعبہ ہائے زندگی میں موقع دیا۔ تنظیم معاشرت کے زریں اصول و قواعد منضبط کئے جس سے صالح معاشرہ و پاکیزہ تمدن وجود میں آیا۔ صنفی میلان کو اخلاقی حدود و قیود کا پابند بنایا۔

اسلام اور مغرب کے تنظیم معاشرت کے مقاصد میں زمین و آسمان کا فرق ہے اسلام شہوانی قوت کو اخلاقی ڈسپلن میں منضبط کرتا ہے۔ ہیجان نفس اور جنسی آوارگی سے انسان کو محفوظ رکھ کر صالح و پاکیزہ تمدن کی تعمیر و تشکیل کرتا ہے۔ برخلاف اس کے مغرب مرد و عورت پر تمدنی و مادی ذمہ داریاں یکساں ڈال کر مادی زندگی کی رفتار تیز کرنا چاہتا ہے۔ جنسی انارکی و لذت کوشی کو ہی ترقی و خوشحالی تصور کرتا ہے۔

مساوات کا معقول مفہوم

یہ ایک حقیقت ہے کہ انسان ہونے کے ناطے مرد و عورت دونوں برابر ہیں۔ نوع انسانی کی حیثیت سے مساوی ہیں۔ تہذیب و تمدن کی تاسیس و تشکیل میں دونوں کا نمایاں کردار ہوتا ہے۔ دل، دماغ، جذبات، خواہشات اور بشری ضروریات دونوں رکھتے ہیں۔ دونوں کی عقلی و فکری نشو و نما ضروری ہے۔ ایک صالح تمدن کا فرض ہے کہ وہ علم و اعلیٰ تربیت سے دونوں کو مزین کرے۔ مرد و عورت کی فطری صلاحیتوں کے مطابق ان پر ذمہ داریاں عائد کرے۔ اس طرح کی مساوات کا دعویٰ صحیح ہے قرآن میں ہے:

یَا اَیُّہَا النَّاسُ اتَّقُوا رَبَّکُمُ الَّذِیْ خَلَقَکُمْ مِّنْ نَّفْسٍ وَّاحِدَۃٍ وَّخَلَقَ مِنْہَا زَوْجَہَا وَبَثَّ مِنْہُمَا رِجَالًا کَثِیْرًا وَّنِسَاءً وَّاتَّقُوا اللّٰہَ الَّذِیْ تَسَاءَلُوْنَ بِہٖ وَالْاَرْحَامَ اِنَّ اللّٰہَ کَانَ عَلَیْکُمْ رَقِیْبًا (النساء:۱)

"اے لوگو اپنے پروردگار سے ڈرو، جس نے تمہیں ایک جان سے پیدا کیا اور اسی سے اس کا جوڑا بنایا ان دونوں سے بہت سے مرد اور عورتیں پھیلادیں، اس اللہ سے ڈرو جس کے نام پر ایک دوسرے سے حقوق مانگتے ہو اور رشتے ناطے توڑنے سے بچو بے شک اللہ تعالیٰ تم پر نگہبان ہے"

البتہ اگر مرد و عورت کا دائرہ عمل ایک ہی بنا دیا جائے، دونوں پر یکساں ذمہ داریاں ڈال دی جائیں، تمدن میں عورت سے وہی خدمات حاصل کی جائیں جو مرد انجام دیتا ہے تو

اس طرح کی مساوات اسلام میں روا نہیں۔ ہم جانتے ہیں کہ جسمانی استعداد و قوت کے لحاظ سے دونوں میں مساوات نہیں ہے۔ فطرت نے دونوں پر ایک جیسا بار نہیں ڈالا ہے نظام جسمانی، فطرت کی عائد کردہ ذمہ داریوں اور نفسانی کیفیات کی تحقیق و تنقیح کی جائے تو مطلق مساوات کا دعویٰ صحیح نہیں ثابت ہوتا۔ مصنوعی طریقہ سے نسوانی قابلیتوں واستعداد کا خاتمہ کرنا یقیناً ظالمانہ رویہ ہے یہ انسانیت کا قتل ہے مساوات کے نام پر ناانصافی وبے اعتدالی ہے۔

اسلام کا نظام معاشرت

شہوانی خواہشات کی بے راہ روی اور معاشرت کے انتشار کو روکنے کیلئے اسلام نے مرد وعورت کے تعلقات کو حدود و قیود کا پابند بنادیا صنفی ارتباط کیلئے پاکیزہ طریقہ نکاح کا بتایا جو صالح تمدن کی تشکیل کا ضامن ہے۔ معاشرہ میں امن و امان، سکون و اطمینان، ہمدردی و غمخواری واخلاق فاضلہ کو فروغ دیتا ہے۔ اسلام نے زنا کے قریب جانے سے بھی منع کر دیا۔ اس پر سخت سزا مقرر کی گئی۔ چوری چھپے شناسائی کی ممانعت کر دی گئی۔:

وَالْمُحْصَنَاتُ مِنَ النِّسَاءِ إِلَّا مَا مَلَكَتْ أَيْمَانُكُمْ كِتَابَ اللَّهِ عَلَيْكُمْ وَأُحِلَّ لَكُم مَّا وَرَاءَ ذَٰلِكُمْ (النساء:۲۴)

"اور (حرام کی گئیں) تم پر شوہر والی عورتیں مگر وہ جو تمہاری ملکیت میں آجائیں اللہ تعالی نے یہ احکام تم پر فرض کر دیئے ہیں اور ان (مذکورہ بالا محرم) عورتوں کے سوا اور عورتیں تمہارے لیے حلال کی گئیں"۔

وَلَا تَقْرَبُوا الزِّنَىٰ إِنَّهُ كَانَ فَاحِشَةً وَسَاءَ سَبِيلًا (بنی اسرائیل:۳۲)

"خبردار زنا کے قریب بھی نہ پھٹکنا کیوں کہ وہ بڑی بے حیائی ہے اور بہت ہی بری راہ ہے۔"

بشری اور فطری داعیات کی تکمیل کے لئے اللہ تعالی نے ایک دروازہ کھولا اور وہ

جائز صورت نکاح کی ہے۔ انسانی تقاضوں وخواہشات کو جائز طریقہ سے پورا کرنے، انتشار وبے ضابطگی سے اجتناب کیلئے اس طریقہ کو مقدس قرار دیا تاکہ سوسائٹی میں معلوم ہو جائے کہ فلاں مرد اور عورت ایک دوسرے کے بندھن میں بندھ چکے۔ ارشاد ربانی ہے کہ:

فَانْكِحُوهُنَّ بِإِذْنِ أَهْلِهِنَّ وَآتُوهُنَّ أُجُورَهُنَّ بِالْمَعْرُوفِ مُحْصَنَاتٍ غَيْرَ مُسَافِحَاتٍ وَلَا مُتَّخِذَاتِ أَخْدَانٍ۔ (النساء:۲۵)

"پس ان عورتوں کے سرپرستوں کی رضامندی سے ان کے ساتھ نکاح کرلو اور قاعدہ کے مطابق ان کے مہر ان کو دو، وہ پاک دامن ہوں نہ کہ علانیہ بدکاری کرنے والیاں، نہ خفیہ آشنائی کرنے والیاں" نکاح کے متعلق اسلام نے بیش بہار ہنمائی فراہم کی۔ جس سے کسی قسم کی بے راہ روی وانار کی کا خدشہ نہیں ہو سکتا۔

نظام خاندان

مغرب نے صنفی معاملات میں مطلق آزادی کا نعرہ لگاکر عائلی نظام کو کمزور کر دیا۔ لیکن اسلام صنفی میلان کو خاندان کے استحکام و استقلال کا ذریعہ قرار دیتا ہے۔ خاندان میں تربیت کے ذریعے، اسلام نظم وضبط پیدا کرتا ہے جس سے صالح خاندان آسانی سے اپنی منزل مقصود کی طرف رواں دواں رہتا ہے۔ اسلام، خاندان کے تمام پہلوؤں میں عدل وانصاف کی تعلیم دیتا ہے اور فطرت کی رعایت کرتا ہے۔ دونوں صنفوں میں جس طرز کی مساوات قائم کی جاسکتی تھی وہ اسلام کرتا ہے۔ دونوں کے حقوق وذمہ داریاں ان کی فطری صلاحیتوں کے مطابق متعین کرتا ہے۔ زندہ رہنے کا حق پرورش، تعلیم، نکاح، مہر اور نان ونفقہ کے حقوق سے عورت کو نوازتا ہے۔ البتہ مرد کو خاندان کا قوام ونگراں بنایا کیونکہ ذمہ داری اس کی ہے جس کے لیے وہ محنت کرتا ہے۔ ارشاد باری ہے:

الرِّجَالُ قَوَّامُونَ عَلَى النِّسَاءِ "مرد عورتوں پر قوام ہیں"۔

قوامیت کی بناوہ فضیلت ہے جو اللہ نے ان کو عطا کی ہے۔ وہ عورتوں پر (مہر و نفقہ کی صورت میں) اپنا مال خرچ کرتے ہیں۔ الغرض اسلام نے مرد و عورت کو مکمل انسانی حقوق دیئے۔ مرد و عورت کا دائرہ عمل الگ الگ قرار دیا اور جس نظام معاشرت کی تاسیس کی اس کو تین طرح کے تحفظات سے بھی نوازا۔ (۱) اصلاح باطن (۲) تعزیری قوانین (۳) انسدادی تدابیر تاکہ معاشرہ میں کسی طرح کا انتشار و خلفشار نہ پیدا ہو جو فساد کا موجب بنے۔ اسلام کی اخلاقی تعلیمات و ہدایات کو علامہ مودودی اس طرح بیان کرتے ہیں کہ -اسلام کی اخلاقی تعلیم و تربیت حیا کے چھپے ہوئے مادے کو فطرت انسانی کی گہرائیوں سے نکال کر علم و فہم اور شعور کی غذا سے اس کی پرورش کرتی ہے اور ایک مضبوط حاسہ اخلاق بنا کر اس کو نفس انسانی میں ایک کوتوال کی حیثیت سے متعین کر دیتی ہے۔ (پردہ: ص ۱۸۶)

اسلام کے معیار اخلاق اور اس کی اخلاقی اسپرٹ کا اندازہ اس سے لگایا جاسکتا ہے کہ اس نے ہر اس چیز کو ختم کیا جہاں دل کا چور فتنہ پر آمادہ کر سکتا تھا مثلاً صنف نازک کی آواز میں حلاوت ہے چنانچہ ارشاد ہوا:

فَلَا تَخْضَعْنَ بِالْقَوْلِ فَيَطْمَعَ الَّذِي فِي قَلْبِهِ مَرَضٌ (الحزاب: ۳۲)

"تم (اے محترم خواتین) نرم لہجے میں بات نہ کرو کہ جس کے دل میں روگ ہو وہ کوئی برا خیال کرے۔"

فتنہ نظر، جذبہ نمایش حسن، فتنہ زبان و آواز، فتنہ عریانی کے سلسلے میں ہدایات جاری کر دیں کہ اے صنف نازک یہ تمام فتن تمہاری عزت و شرافت کو تار تار کر سکتے ہیں ان سے دوری اختیار کرنا ضروری ہے۔

منافقت کے مظاہر

یہ ہے اسلام کا نقطۂ عدل و توسط جس کی آج دنیا کو سخت ضرورت ہے کیونکہ دنیا عورت کے مقام کا تعین کرنے میں افراط و تفریط کا شکار رہی ہے۔ اسلام نے ایک معتدل و متوازن نظام معاشرت دیا۔ جس میں حقوق نسواں کا مکمل پاس و لحاظ رکھا گیا مگر افسوس کہ موجودہ زمانہ میں بعض نئے تعلیم یافتہ مسلمان فرنگی تہذیب و تمدن سے مرعوب ہو گئے۔ اسلام نے عورت کو حسب ضرورت چہرہ اور ہاتھ کھولنے کی محض اجازت دی تھی اس کو اپنے سفر کا نقطۂ آغاز سمجھنے لگے۔ اسلامی قوانین معاشرت کو اپنے رجحانات و نظریات کے تابع بنانے کی تگ و دو کرنے لگے۔ فرنگی عورتوں کی زینت و آرایش سے متائثر ہو کر اپنی عورتوں کو بھی مجبور کیا کہ نقالی پر اتر آئیں۔

ستم بالائے ستم دلیل یہ دیتے ہیں کہ اسلامی قوانین میں احوال زمانہ کے لحاظ سے تخفیف کی گنجائش ہے۔ لہٰذا موجودہ زمانہ میں تمدنی و سیاسی، معاشرتی و معاشی مسائل کو سمجھنے کے لیے حدود شکنی درست ہے گویا اسلام کو مغربی عینک سے دیکھا جارہا ہے اور اس کو معتدل بنانے کا دعوی کیا جارہا ہے۔ صبغۃ اللہ کے بجائے مغربی رنگ لوگوں پر چڑھانے کی کوشش کی جارہی ہے۔ ایسی تمام سازشوں سے عوام کو متنبہ کرنے اور اسلام کی صحیح تعلیمات کو پیش کرنے کی ضرورت ہے۔ دور جدید کے مسلمان کو منافقت کو ترک کر دینا چاہئے۔ اس کو فریب و مکر سے نکلنا چاہئے اور کھلے دل، سلیم فطرت، منصفانہ نگاہ سے اسلام کے مجموعی سسٹم و نظام کا مطالعہ کرنا چاہئے محض ایک ستون کو دیکھ کر عمارت کی مضبوطی کا اندازہ نہیں لگایا جاسکتا نہ ایک ستون پر عمارت قائم ہو سکتی ہے۔ تمام مسلمانوں کو اپنی عائلی زندگی میں اسلام کا نمونہ پیش کرنے کی ضرورت ہے۔

بہر حال اسلامی تعلیمات و ہدایات کی روشنی میں حقوق نسواں کا لحاظ ضروری ہے اگر

ہم اسلامی نظام معاشرت کو پختہ طور پر قائم کرلیں تو باطل طاقتیں مسلم خواتین کی نام نہاد ہمدردی سے باز آ جائیں گی۔ ان کو اسلام پر انگلی اٹھانے کے مواقع نہیں ملیں گے۔ ہم کو خود واقفیت نہیں اس لیے وقت آ گیا ہے کہ اسلامی قوانین و ضوابط کو ہم جانیں۔ اسلام میں مکمل داخل ہو جائیں۔ اپنی کم علمی کو دور کریں۔ ذہن میں پیدا ہونے والے شکوک و شبہات کا ازالہ کریں۔ اسلام کے عطا کردہ عائلی نظام کو اپنے معاشرہ میں مکمل طور پر نافذ کریں۔ تو انشاء اللہ معاشرہ میں امن و امان ہو گا۔ بھائی چارہ قائم ہو گا اور معاشرہ خطرات سے محفوظ ہو جائے گا۔

***

تحفظ، حرمتِ نسواں اور اسلام

ڈاکٹر سیدہ جنیفر رضوی

عورت خدا کی تخلیق کا حسین و جمیل شاہکار ہے جو معاشرے کا اہم ترین اور لازمی عنصر ہے جس کی تخلیق میں انسانیت کی تکمیل ہے جس کے بغیر انسانی معاشرے کا تصور ناممکن اور نسل انسانی کی بقا محال ہے دنیا میں جتنی بھی رنگ رنگینیاں ہیں وہ اسی کے دم قدم سے ہیں اسی کی تعبیر کرتے ہوئے علامہ اقبال نے فرمایا ہے۔

وجودِ زن سے ہے تصویر کائنات میں رنگ
اسی کے ساز سے ہے زندگی کا سوزِ دروں

پوری کائنات میں ہر مذہب میں اور ہر مذہبی کتاب میں عورت کی عظمت کیا تھی، عورت کا وقار کیا تھا ذکر کرنا محال ہے۔ اسلام کے علاوہ ہر ایک مذہب کا قول یہ ہے کہ عورت معاشرے کے لیے ایک تباہ کار چیز ہے، سقراط کے یونان کے فلسفے سے لے کر مریتک، عراق و نینوا کی قدیم تہذیب تک، ایران کی قدیم تہذیب سے، ہندوستان کی قدیم تہذیب تک عورت کو ہر میدان میں قربان کرنا فخر محسوس کیا جاتا رہا ہے۔ لہٰذا تاریخ میں ہے کہ مصر میں دیوتاؤں کو خوش کرنے کے لئے عورتوں کی بلی چڑھائی جاتی تھی زندہ جانوروں کے سامنے عورتوں کو ڈال دیا جاتا تھا کہ گویا عورت کا کوئی مقام متعین نہیں کیا تھا نہ کسی ملک نے نہ کسی تہذیب نہ کسی تمدن یہاں تک کہ خود عرب والے جو

تھے وہ بیٹیوں کو زندہ دفن کر دیتے تھے یعنی اس صنف نسواں کو جیسے سارے عالم میں دبا کر توہین کی آخری منزل تک پہنچادیا گیا تھا۔ گویا یہ اہم ترین صنف اپنی تمام تر خوبیوں کے باوجود قوموں کی بدعقیدگی فرسودہ خیالی، معاشرے کی فکری پستی اور رسم ورواج کی چکی میں پیسی جاتی رہی اور ظلم و زیادتی کا ہمشہ سے شکار بنتی رہی۔ جب اسلام کا آفتاب عالم تاب دنیا کے افق پر طلوع ہوا تو جہاں اس نے دوسری بے شمار سماجی برائیوں کا خاتمہ کیاوہیں عورت کے حوالے سے ہونے والی ظلم و زیادتیوں کا بھی خاتمہ ہوا اور مختلف حیثیتوں سے اس کا درجہ اتنا بلند کر دیا اور اسے عزت و عظمت کے اس مقام پر فائز کر دیا کہ جس کا آج سے ہزار سال پہلے تصور بھی نہیں کیا جا سکتا تھا۔

اسلام اور عورت کے خلاف غلط پروپگنڈے

حقیقت یہ ہے کہ سچائی کو جھٹلانا ہر زمانے میں باطل پرستوں کا شیوہ رہا ہے چنانچہ اس زمانے میں بھی اسلام دشمن عناصر نے شریعت محمدیہ کی شبیہ مسخ کرنے اور اسے بدنام کرنے کی معاندانہ مہم شروع کر رکھی ہے جس کے تحت اسلام کے خلاف بڑے شدومد کے ساتھ یہ پروپگنڈہ کیا جارہا ہے کہ اسلام میں عورت کو کمتر اور حقیر درجہ دیا گیا ہے جس کے نتیجے میں بے بنیاد بات اس قدر عام ہوتی جارہی ہے جیسے کہ وہ کوئی ثابت شدہ واقعہ ہو جب کہ حقیقت الزام کے بالکل برعکس ہے اسلام اور اسلام کے تمام پیغام پہنچانے والے محمد صلی اللہ علیہ و آلہ وسلم اور ان کے جانشین حضرت علی علیہ السلام نے احادیث و روایات کی روشنی میں عورت کا درجہ بڑھایا ہے اور اسے ذلت و حقارت سے نکال کر رفعت وبلندی کے اعلیٰ مقام پر فائز کر دیا۔ اسلام اور اس کے رہبروں کے نزدیک عورت کا درجہ وہی ہے جو ایک مرد کا ہے عزت واحترام اور توقیر و تکریم کے جو احکام ایک صنف کے لیے ہیں وہی احکام دوسری صنف کے لئے بھی دینوی زندگی کے واجب حقوق

اور اخروی زندگی کے انعامات اور نوازشات میں دونوں صنوں کے درمیان فرق نہیں۔ جو یہ پروپیگنڈہ کرتے ہیں کہ عورت مرد سے کمتر ہے ،لہذا تمام تر اسلام مخالف دشمنوں کے منہ پر ایک زور دار طمانچہ قرآن کی آیت کی روشنی میں ہے خدا کی رضا جوئی اور خوشنودی اور آخرت کے انعامات کا مستحق بننے کے لئے جو بنیادی شرائط درکار ہیں وہی عورتوں کے لیے بھی چنانچہ خداوند عالم کا سورہ الاحزاب آیت نمبر ۳۵ میں ارشاد الٰہی ہے کہ:

"بیشک مسلمان مرد اور مسلمان عورتیں ،ایمان دار مرد اور ایمان دار عورتیں ،بندگی کرنے والے مرد اور بندگی کرنے والی عورتیں ،سچے مرد اور سچی عورتیں، صبر کرنے والے والے مرد اور صبر کرنے والے والی عورتیں ،اللہ سے ڈرنے والے مرد اور اللہ سے ڈرنے والی عورتیں، خیرات کرنے والے مرد اور خیرات کرنے والی عورتیں، روزہ دار مرد اور روزہ دار عورتیں ، اپنی شرم گاہ کی حفاظت کرنے والے مرد اور حفاظت کرنے والی عورتیں کثرت سے خدا کو یاد کرنے والے مرد اور یاد کرنے والی عورتیں اللہ نے ان سب کے واسطے معافی اور اجر عظیم تیار کر رکھا ہے"۔

اس آیت میں وہ تمام بنیادی صفات بیان کر دی گئی ہے جو ہر اس انسان میں ہونی چاہئے جو اللہ کے یہاں اس کے مقبول اور پسندیدہ بندوں میں شامل ہونا چاہتے ہیں خواہ وہ مرد ہو یا عورت۔ اگر یہ صفات کسی سے مرد میں ہوں تو وہ کامل مرد ہو گا اور اگر کسی عورت میں ہو تو وہ کامل خاتون ہو گی۔ لہذا مغربیت کا یہ غلط پروپیگنڈہ کہ اسلام نے عورت کو کمتر اور حقیر درجہ دیا، یا پھر مرد کو بلند بنا دیا اعلی درجہ دیا۔

عورتوں میں ترقی کا جذبہ:-

یہ بات صحیح ہے کہ ترقی و کمال حاصل کرنے کے جو موقع اسلام نے مردوں کے

لیے فراہم کیے ہیں وہ موقع عورتوں کے لیے بھی فراہم کیے ہیں ایک مسلمان عورت دنیا اور دین میں مادی، عقلی اور روحانی حیثیت سے عزت اور ترقی کے ان بلند سے بلند مدارج تک پہونچ سکتی ہے جن تک مرد پہونچ سکتے ہیں اور اس کا عورت ہونا کسی طور پر اس کی ترقی کی راہ میں حائل نہیں ہوتا جان و مال عزت کے اور فوجداری کے مقدمات و قوانین میں بھی عورت اور مرد کے درمیان مساوات قائم کی گئی ہے

ایمان اور عمل صالح کے ساتھ روحانی ترقی کے جو درجات مرد کو مل سکتے ہیں وہی عورت کے لئے بھی کھلے ہوئے ہیں مرد اگر حسن بصری بن سکتا ہے تو عورت کے لیے رابعہ بصری بننے کے تمام ترجذبے موجود ہیں اس کے لئے قرآن مجید کی آیت شاہد ہے سورہ آل عمران آیت نمبر ۱۹۵ جس کا ترجمہ یہ ہے

پھر قبول کی ان کی دعا ان کے رب نے کہ میں ضائع نہیں کرتا محنت کسی محنت کرنے والے کی تم میں سے خواہ مرد ہو یا عورت، تم آپس میں ایک ہو۔

سورہ نساء آیت نمبر ۱۲۴ میں ایک جگہ پر اور قرآن مجید کہتا ہے جس کا ترجمہ یہ ہے اور جو کوئی کام کرے اچھے مرد ہو یا عورت ایمان رکھتا ہو، تو وہ داخل ہوں گے جنت میں اور ان کا حق ضائع نہ ہو گا تل بھر بھی۔

سورہ توبہ آیت ۷۲ میں قرآن مجید کا ارشاد ہے

اللہ تعالی نے وعدہ کیا ہے مومن مردوں اور مومنہ عورتوں سے ایسی جنتوں کا جس کے نیچے نہریں جاری ہوں گی وہ لوگ اس میں ہمیشہ رہیں گے اور پاکیزہ محلات کا وہ ہمیشگی کے باغات میں ہوں گے اور اللہ کی رضامندی سب سے بڑی ہے یہی بڑی کامیابی ہے

سورہ نحل آیت نمبر ۹۷ میں ایک جگہ اور پروردگار ارشاد فرما رہا ہے۔

جس نے نیک عمل کیا چاہے وہ مرد ہو یا عورت اس حال میں کہ وہ مومن ہو تو ہم ا

سے پاکیزہ زندگی عطا کریں گے اور انہیں ان کے اعمال کا بہترین بدلہ دے دیں گے

قرآن کے ان تمام آیتوں میں بتایا گیا کہ مرد ہو یا عورت اللہ تعالی کے یہاں کسی کی محنت ضائع نہیں جاتی جنت اور حیات طیبہ کے جو وعدے مردوں سے کیے گئے ہیں وہ عورتوں کے لئے بھی ہیں جو کام کر جو کام کرے گا وہ اس کا پھل پائے گا یہاں عمل شرط ہے، نیک عمل کر کے ایک عورت بھی اپنے استعداد کے موافق آخرت کے درجات حاصل کر سکتی ہے جو مرد حاصل کر سکتے ہیں اسی وجہ اللہ کے رسول صلی اللہ علیہ وسلم نے فرمایا:

عورتیں مقام و مرتبہ کے لحاظ سے مردوں کے ہم پلہ ہیں (ترمذی شریف ص ۳۱، ابو داؤص ۳۵

موجودہ حالات میں تعلیم نسواں کی اہمیت:

خواتین ہامری آبادی کا نصف حصہ ہیں، انہیں بھی اللہ نے ذہانت و فطانت، صلاحیت و حرکت اور دینی اور روحانی ترقی کا جوہر عطا فرمایا ہے ماں کی گود میں ہی ہے وہ پہلا مکتب ہے جہاں ہر انسان کے اولین نوو ونا ہوتی ہے یہیں سے کسی خاص وصف پر شخصیت و کردار کی ڈھلائی ہوتی ہے یہاں سے ذہن و دماغ کو جو رخ دیا جاتا ہے وہ آدمی کی زندگی پر ہمیشہ حاوی رہتا ہے۔ اسلامی تاریخ گواہ ہے کہ ملت کے وہ عظیم افراد اور کچھ بلند شخصیات جن پر آج بھی ہمیں فخر ہے وہ عظیم ماوں کی گود کے تربیت یافتہ تھے

ماں کی گود سے مراد ماں کا تعیلم و تربیت یافتہ ہونا ضروری ہے تا کہ بچے بھی تعلیم کے ساتھ ساتھ تربیت یافتہ ہو سکیں تا کہ اس کا اثر سماج پہ ہو، معاشرے پہ ہو، اور قوم و ملت پہ ہو۔ لیکن آج صورت حال یہ ہے کہ ہمارے معاشرے میں، ہماری غفلت و کوتاہی کے نتیجے میں خواتین کی اکثریت جہالت و ناخواندگی کی شکار ہے۔ یا دینی تعلیم سے صرف

نظر کر کے وہ ایسی تعلیم حاصل کر رہی ہیں جن سے ان کے نسوانیت مسخ ہو رہی ہے اسکول و کالج میں پڑھ رہی ہیں، جہاں کے مخلوط ماحول اور دینی فضا میں ان کی شرم وحیا، عفت و کردار مجروح اور اخلاق و دین داری اور تقوی و پرہیز گاری مفقود ہو رہی ہے۔ لہذا ایسی صنف نسواں جب مخلوط ماحول میں اور لادین فضا میں شرم حیا کو بالائے طاق رکھ کر ماڈرن تعلیم حاصل کر رہی ہیں تو ان سے آنے والی نسلوں کی اصلاح کی امید کیا رکھی جائے اسی لیے ماڈرن تعلیم کا اثر ظاہر کچھ اور باطن کچھ اور ہوتا ہے

حضرت علی کا فرمان ہے کہ

اپنے جسم کو مت سنوارو اسے مٹی میں جانا ہے اپنی روح کو سنوارو اسے اللہ کے پاس جانا ہے

عورت ایمان اور عمل کی منزل میں یکساں نہیں

ایمان و عمل کے اعتبار سے عورت میں جو فطری نقائص موجود ہیں اسے قرآن مجید نے بھی بیان کیا ہے اور حضرت علی نے بھی نہج البلاغہ کے متعدد مقامات پر اس کا ذکر کیا ہے اور خاص کر ایک چھوٹا سا خطبہ عورت کی مذمت میں بیان کیا ہے خطبہ نمبر ۷۸ میں مولائے کائنات فرماتے ہیں کہ عورتیں ایمان میں ناقص ہوتی ہیں اور عقل میں ناقص ہوتی ہیں حضرت علی نے عورتوں کے سلسلے میں تین باتیں کہی ہیں ناقص الایمان، ناقص المیراث، اور ناقص الحظ -ساتھ میں دلیل بھی دی ہیں ان کے اسباب کا بھی ذکر کیا ہے ناقص الایمان اس لیے ہوتی ہیں کہ ایام کے دور میں یعنی ہر مہینہ چند دنوں کے لیے نماز روزہ سے محروم رہنا پڑتا ہے اس کے علاوہ دوسرے تمام عبادت سے دستبردار ہونا پڑتا ہے اور اعمال سے علیحدگی ان ایمان کے نقص کی دلیل ہے

جبکہ ایمان اقرار قلب اور اعتقاد باطن کا نام ہے مگر بطور مجاز عمل و کردار پر بھی اس

کا اطلاق ہوتا ہے یعنی صرف دل سے قبول کرنا ہی کافی نہیں بلکہ اعمال ضرورت ہے لہذا اس اعتبار سے عورت کے ایمان وعقیدہ کے ساتھ ساتھ عمل میں بھی کمی ہے چونکہ اعمال کو بھی ایمان کا جزو قرار دیا جاتا ہے

دوسرا نقص عورت کے اندر یہ ہے کہ وہ ناقص العقل ہوتی ہے کیونکہ دو عورتوں کی گواہی ایک مرد کی گواہی کے برابر ہوتی ہے یہ قدرت ہیں قدرت کے ہی طرف سے عورت اپنے عقلی تصرفات کو پورے طور سے قبول کرنے سے قاصر ہوتی ہے لہذا ان کے میدان عمل کی وسعت ہی کے لحاظ سے فطرت نے ان کو قوت عقلیہ دے ہیں۔جو حمل ولادت۔ رضاعت، تربیت اولاد اور امور خانہ داری میں ان کی رہنمائی کر سکیں اور اسی ذہنی و عقلی کمزوری کی بناپر ان کی گواہی کو مرد کی گواہی کا درجہ نہیں دیا گیا ہے

جیسا کہ اللہ سبحانہ کا ارشاد ہے

اپنے مردوں میں سے جنہیں تم گواہی کے لئے پسند کرو دو مردوں کی گواہی کو لایا کرو اور اگر دو مرد نہ ہو تو ایک مرد اور دو عورتیں ہوں اگر ایک بھول جائے گی تو ان میں سے ایک دوسرے کو یاد دلائے گی۔

تیرا نقص یہ ہے کہ وہ میراث میں ناقص ہے۔ قران قریم میں ارشاد ہے کہ

خدا تمہاری اولاد کے بارے میں تمہیں وصیت کرتا ہے کہ لڑکے کا حصہ دو لڑکیوں کے برابر ہو گا

اس سے عورت کی کمزوری کا پتہ یوں چلتا ہے کہ میراث میں اس کا حصہ نصف ہونے کی وجہ یہ ہے کہ اس کی کفالت کا بار مرد پر ہوتا ہے تو جب مرد کی حیثیت ایک کفیل و نگران کی قرار پائی، تو نگرانی اور سرپرستی کی محتاج صنف اپنی کمزوری کی خود آئینہ دار ہو گئی

انکی فطری کمزوریوں کی طرف اشارہ کرنے کے بعد ان کی اندھادھند پیروی اور غلط اطاعت کے مفاسد کاذکر کرتے ہیں کہ بڑی بات تو خیر بری ہوتی ہی ہے

بعض اوقات مرد اور عورت کے احکام میں اس وجہ سے فرق ہوتا ہے کہ دونوں کو مساوی کر دیا گیا تو مفاسد پیدا ہو سکتے ہیں اور عورت کی بے عزتی و بے حرمتی یا دوسرے نقصانات کا خطرہ ہوتا ہے جیسے کہ عورت کے لئے تنہا بغیر محرم کے حج کرنے یا اڑتالیس میل سے زیادہ کا سفر کرنا (کمزور رمذی ۲۲۰) غیر محرموں کے ساتھ آزادانہ میل جول رکھنا اور مخلوط مجالس و محافل میں شرکت کی از روئے شریعت اجازت نہیں ہے اس لیے کہ مذکورہ صورتوں میں اگرچہ بعض فوائد بھی محتمل ہیں لیکن نقصان کا خطرہ زیادہ ہے۔

اسی طرح تعداد ازدواج کا حق یعنی ایک سے زیادہ شادی کرنے اور ایک وقت میں ایک سے زیادہ بیوی رکھنے کا حق شریعت اسلامیہ چند شرطوں کے ساتھ صرف مردوں کو دیتی ہے عورت کو نہیں اس لیے کہ اگر یہ حق عورتوں کو بھی دے دیا تو اس صورت میں سماج میں بدترین خرابیاں پیدا ہو جائیں گی۔ پیدا ہونے والے بچوں کا نسب خلط ملط ہو جاتا نا جائز اولاد کی کثرت ہو جاتی جب کہ مرد کو یہ حق دینے میں کوئی خرابی لازم ہیں آتی۔

عورت کے لئے پردے کا حکم کیوں؟

اسلام ایک ایسے عفت ماب پاکیزہ معاشرے کی تعمیر کرنا چاہتا ہے جس میں عورت کی زن عفت و عصمت محفوظ رہے اس کی پاک دامنی اور دوشیزگی کو سلامتی حاصل ہو۔ اس کی معصومیت پر کوئی غلط نگاہ نہ ڈالے اس کی فطری خوبصورتی کو کوئی شہوت پرست، بیہودگی کے ساتھ نہ گھورے اور اسے ہوسناک نگاہوں کا شکار نہ بنائے اسلام ایک ایسی سوسائٹی دیکھنا چاہتا ہے جس میں پاکیزگی خیال اور نیک نیتی کا چلن ہو، صنفی انتشار اور فحاشی

وآوارگی کا رجحان نہ ہو جس کا اصل مقصد یہ ہے کہ معاشرے میں کبھی زناکاری اور بدکاری کے واقعات پیش نہ آئیں، اس لیے کہ فحاشی اور بدکاری ایسی مہلک بیماری ہے جس کے خطرات اوراثرات صرف اشخاص و افراد تک محدود نہیں رہتے بلکہ پورے پورے خاندان اور قبیلہ کو اور بعض اوقات بڑی بڑی آبادی کو تباہ کر دیتے ہیں

اسی لئے جس طرح دیگر معاملات میں اسلام کا یہ اصول ہے کہ اس نے جن چیزوں کو بھی انسانیت کے لیے نقصان دہ سمجھا اس کو قابل سزا جرم قرار دیا ٹھیک اسی طرح شعریت نے زنا اور بدکاری کے انسداد اور اس کے مکمل روک تھام کے لیے پابندی عائد کر دی اور اس مقصد کے لیے مرد و عورت میں سے ہر ایک کو چند لازمی ہدایت دی گئیں ،مردوں کو غض بر یعنی نگاہیں نیچی رکھنے اور پاکیزہ خیالی کا حکم دیا گیا ہے اور بد نظری کو آنکھ کا زنا قرار دیا گیا۔

اس طرح عورت کو بھی نظر بچانے ،خیالات پاکیزہ رکھنے اور اپنی عزت و عمت کی حفاظت کرنے کا حکم دیا گیا۔ سورہ نور آیت نمبر ۳۱ مین اللہ تعالیٰ ارشاد فرماتا ہے کہ

اے نبی مومن مردوں سے کہہ دیجئے کہ وہ اپنی نگاہیں نیچی رکھیں اور اپنی عصمت و عفت کی حفاظت کریں، یہ ان کے لئے زیادہ پاکیزگی کا طریقہ ہے ،یقینا اللہ جانتا ہے جو کچھ وہ کرتے ہیں اور مومن عورتوں سے کہہ دیجئے کہ وہ اپنی نگاہیں نیچی رکھیں اور اپنی عصمت و عفت کی حفاظت کریں۔ بوقت ضرورت خواتین کو گھر سے نکل کر ضرورت کی تکمیل کے لیے باہر جانے کی اجازت دی گئی لیکن اس کو اس شرط کے ساتھ مشروط کر دیا گیا کہ نکلنا بے محابانہ ہو۔ نکلتے وقت پوری طرح باپردہ ہو کر نکلیں ، برقع یا لمبی چادر سے پورے بدن کو چھپالیں۔ قرآن میں سورہ احزاب آیت نمبر ۵۹ میں اللہ کا حکم ہے

اے پیغمبر اپنی بیویوں بیٹیوں اور مسلمانوں کی عورتوں سے کہہ دیجئے کہ اپنے اوپر

اپنی چادروں کا گھونگھٹ ڈال لیا کریں اس سے توقع کی جاتی ہے کہ وہ پہچان لی جائیں گے اور انہیں ستایا نہیں جائے گا۔

اس آیت کی تفسیر کرتے ہوئے حضرت عبداللہ ابن عباس رضی اللہ عنہ نے فرمایا کہ:

اللہ تعالی نے مسلمانوں اور عورتوں کو حکم دیا کہ جب وہ کسی ضرورت سے اپنے گھر سے نکلیں تو اپنے سروں کے اوپر سے "جلباب "یعنی لمبی چادر لٹکا کر چہروں کو چھپالیں اور راستہ دیکھنے کے لئے صرف آنکھ کھلی رکھیں (تفسیر ابن کثیر)

پردے کے سلسلے میں اس قدر تاکیدی احکامات اس لیے دیے گئے ہیں کہ خواتین کی صنف پوری طرح "عورت "یعنی پردے کی چیز ہے جیسا کہ نبی اکرم صلی اللہ علیہ وسلم نے فرمایا:

عورت سراپا پوشیدہ رہنے کی چیز ہے جب عورت گھر سے باہر نکلتی ہے تو شیطان نما انسان اسکی تاکید میں لگ جاتا ہے لہذا شیطان کی فتنہ سامانیوں سے بچنے کے لیے ضروری ہے کہ وہ بلاضرورت گھر سے نکلے ہی نہیں اور اگر ضرورت کے تحت نکلنا ہی پڑے تو پوری طرح پردے میں لپٹ کر نکلیں۔

پردہ خواتین کی عفت و عصمت کا محافظ ہے۔ حیا کسی بھی سلیم الفطرت عورت کا سب سے بڑا سرمایہ ہے اور اس سرمایہ کا سب سے بڑا محافظ پردہ ہے۔ شرم وحیا کا طبعی تقاضا ہے کہ وہ اپنوں کے سوا غیر مردوں سے پردے میں رہے۔ نہ وہ کسی اجنبی کو دیکھے نہ کوئی اجنبی اس کو دیکھے شاید اسی لئے حضرت علی علیہ السلام سے مروی ہے وہ فرماتے ہیں کہ ایک روز میں آنحضرت صلی اللہ علیہ وسلم کی خدمت میں حاضر تھا- آپ نے صحابہ سے سوال کیا کہ بتاؤ کہ عورت کے لیے کون سی بات سب سے بہتر ہے صحابہ کرام خا

موش رہے کسی نے جواب نہیں دیا پھر جب گھر گئے اور حضرت فاطمہ سے میں نے سوال کیا تو انہوں نے فرمایا عورت کے لئے سب سے بہتر چیز یہ ہے کہ نہ وہ مردوں کو دیکھیں نہ مرد ان کو دیکھں، میں نے ان کا جواب رسول اللہ نے نل کیا تو آپ نے فرمایا کہ فاطمہ میری لخت جگر ہیں اس لئے وہ خوب سمجھیں (مسند بزار، دار قطنی)

معلوم یہ ہوا کہ جنتی عورتوں کی سردار کی نظر میں عورتوں کے لئے سب سے بہتر چیز پردہ ہے- صحابیات کا یہ حال تھا کہ زندگی تو زندگی، شدت حیا کی بنیاد پر مردوں سے ان کی موت کے بعد بھی پردہ کیا کرتی تھی چنانچہ حضرت عائشہ رضی اللہ عنہا کہتی ہیں کہ جس حجرہ مبارک میں رسول اللہ صلی اللہ علیہ وسلم مدفون ہیں اس کمرہ میں جب میں داخل ہوتی تو میں پوری طرح پردہ نہیں کرتی تھی کیونکہ میرا یہ خیال تھا کہ اس حجرے میں میرے شوہر اور میرے والد ابوبکر کے علاوہ کوئی اور دفن نہیں ہے اور ان دونوں سے پردہ نہیں لیکن جب ان کے ساتھ حضرت عمر بھی دفن کر دیے گئے تو بخدا اس کے بعد میں جب بھی حجرہ مبارک میں جاتی تو حضرت عمر سے حیا کی وجہ سے پوری طرح باپردہ ہو کر جاتی تھی۔ ان ساری باتوں سے معلوم ہوا کہ پردہ وجہ قید نہیں بلکہ شرم وحیا کا آئینہ دار اور عزت و عصمت کا محافظ ہے اور شریف زادیوں کے لیے یہ ایک بہت بڑی دولت ہے لیکن جب کسی سے حیا کا مادہ ختم ہو جائے تو لازمی طور پر وہ پردہ کو قید سمجھے گی اور بے پردگی کو آزادی خیال کرے گی اور وہ سب کچھ کرے گی جس سے انسانیت کا سر شرم سے جھک جائے اور یہی مغربی سازش بھی ہے-

مغربی مفکرین کے خیالات عورت کے بارے میں

مغربی مفکرین ور ان کے ہم خیال افراد ہم خیال طبقہ کی طرف سے بڑے شد و مد کے ساتھ یہ پروپیگنڈہ کیا جاتا ہے کہ اسلام میں حقوق نسواں کا تحفظ نہیں۔ اسلامی

شریعت میں عورتوں کو انسانی حقوق سے محروم کر دیا گیا۔ اس وجہ سے مسلم معاشرے میں خواتین لاچاری کی زندگی جی رہی ہیں اور ان کے انسانی حقوق کو پامال کیا جاتا ہے اور ان جیسے دوسرے بے بنیاد الزامات اور الیکٹرانک میڈیا کے ذریعہ خوب تشہیر کی جاتی ہے۔ پروپیگنڈہ کی اس مہم میں بنیادی رول تو صہیونیت نواز مغربی میڈ اکا ہے لیکن مشہور مقولہ: ہاتھی کے پیر سب کا پیر کے مطابق ہندوستانی ذرائع ابلاغ میں بھی اس طرح کے شر انگیز مواد کو جلی سرخیوں کے ساتھ شائع کیا جاتا ہے۔ ہندوستان میں اس مہم کی کمان فرقہ پرست جماعت کے لوگوں کے ہاتھوں میں ہے لیکن کیا اس پروپیگنڈہ میں کچھ بھی حقیقت پسندی پر ہے ؟ کیا ان الزامات میں صداقت کا کوئی پہلو ہے ؟ اس سوال کا حقائق کی روشنی میں سنجیدگی کے ساتھ جائزہ لیں، تو معلوم ہو گا کہ اس پروپیگنڈے میں صداقت کا ذرہ برابر بھی شائبہ نہیں- اس کی بنیادی وجہ محض بغض و عناد ہے۔ اس الزام کے برعکس حقیقت یہ ہے کہ اسلام واحد مذہب اور نظام معاشرت ہے جس نے عورتوں کے لئے حقوق کا دروازہ کھولا، ان کی حق شناسی کی آواز بلند کی اور ان کو ایسے اعلیٰ قسم کے حقوق دئے کہ مغرب حقوق کے اپنے بلند و بانگ نعروں کے باوجود آج تک ان کے عشر و عشیر کو بھی نہیں پا سکا ہے، مسلم خواتین کو ایسی سیکڑوں مراعات حاصل ہیں جنھیں مغربی خواتین آزادی نسواں کے تمام پر شکوہ نعروں کے باوجود، آج تک نہیں حاصل کر سکی ہیں ، مسلم خواتین کو حقوق کے بیشتر میدانوں میں مغربی خواتین پر بدرجہا فضیلت حاصل ہے -اس اہم ترین حقیقت کو واضح کرنے کے لئے میں کچھ مثال پیش کرنی جا رہی ہوں جن سے یہ ثابت ہو سکے کہ حقیقت میں حقوق کے نسواں کا تحفظ اسلام میں کیا ہے۔

۲۵ سال قبل سوئزرلینڈ کے ایوان زیریں نے ۷۲ فیصد کے مقابلے ۷۳ فیصد ووٹ سے ملک کے شادی ایکٹ میں چند ترمیم نافذ کرنے کا فیصلہ کیا بعد از ترمیم قانون میں

خواتین کو جن حقوق کی ضمانت دی گئی ہے ان میں کچھ کا ذکر کیا جاتا ہے

(۱) خواتین کو یہ حق حاصل ہے کہ وہ اپنے لئے شادی کے بعد بھی اسی نام کو برقرار رکھے جو اس کے والدین نے رکھا ہو یا انہوں نے اپنے لئے منتخب کیا ہو اور وہ اپنے آپ کو شوہر کے نام سے موسوم نہ کریں یا شوہر کے نام کو اپنے نام کا جزنہ بنائیں۔

(۲) مرد کی طرح عورتوں کو بھی یہ حق دیا گیا ہے کہ وہ اپنے لیے پسند کے رشتے اور سسرالی گھرانے کا انتخاب کریں۔

(۳) زوجین میں سے ہر ایک کو یہ اختیار ہے کہ وہ دوسرے کی واقعی آمدنی کے متعلق معلومات حاصل کریں۔

یہ جدید خاتون مغرب میں حقوق نسواں کے حوالے سے نئی پیش رفت ہے ورنہ اب تک برطانیہ اور جرمنی وغیرہ مغربی ممالک میں اس طرح کے قوانین بالکل نایاب تھے۔ اس منظر نامہ سے جو بات واضح طور پر سامنے آرہی ہے وہ یہ ہے کہ ۲۱ ویں صدی میں پہنچ کر کہیں سوئز خواتین کے لئے یہ حق حاصل ہو پایا کہ شادی کے بعد بھی وہ اپنے حقیقی نام کو برقرار رکھیں اور وہ بدستور اپنے پیدائشی نام سے پکاری جائیں اس سے پہلے مغرب کے عام رواج کے مطابق یہ خواتین مجبور تھیں کہ وہ شوہر کے نام کو اپنے نام کا جز بنالیں اور اپنے خاندانی نام یا القاب کو حرف غلط کی طرح مٹا دیں مثلاً اگر شادی سے پہلے کسی خاتون کا نام موری یاہاڈن ہوتا اور اس کے شوہر کا نام جان روکا ہوتا تو شادی کے بعد فوراً سے اپنا نام موری روکا یا مزشروکا رکھنا پڑتا اور اپنے خاندانی لقب سے دستبردار ہونا پڑتا اگرچہ سوئز خواتین اس لحاظ سے خوش قسمت ہیں کہ انہیں اس جبری قانون سے آزادی تو مل گئی اور انہیں اپنے لیے اسمی تحفظ کا حق تو حاصل ہو گیا لیکن ان جیسی دوسری برطانوی اور جرمنی خواتین بدستور اس قدیم اندھے قانون کو ماننے اور اس کے سامنے

جھکنے پر مجبور ہیں جس کی کچھ جھلکیاں یہ ہے کہ اس سے پہلے سن ۱۵۶۷ یعنی سولہویں صدی میں اسکاٹ لینڈ پارلیمنٹ نے یہ قانون پاس کیا کہ عورت کو کسی چیز کی ملکیت کا حق حاصل نہیں ہو گا— اور اس سے زیادہ تعجب خیز بات یہ ہے کہ انگلستان کی پارلیمنٹ نے قانون پاس کیا جس میں عورت کے لیے انجیل پڑھنا حرام قرار دیا۔ سن ۱۸۰۵ تک انگلستانی قانون کی رو سے شوہر بیوی کے فروخت کرنے کا پورا اختیار رکھتا تھا۔ اسی طرح ۱۹۳۸ میں فرانس میں عورتوں سے متعلق یہ قانون پاس کیا گیا کہ شوہر کی اجازت کے بغیر اپنے خاص مال میں کسی قسم کا تصرف نہیں کر سکتی ہے مغرب کے حقوق کے نسواں کے حوالے سے یہ ایک منظر نامہ تھا—

اب ذرا اس مغربی منظر نامہ سے ہٹ کر اسلامی منظر نامے پر نگاہ ڈالیں تو معلوم ہو گا کہ وہ حقوق جو مغربی خواتین کو ۲۰ ویں صدی کے نصف آخر میں حاصل ہوئے ہیں وہ حقوق مسلم خواتین کو اسی وقت سے حاصل ہیں جبکہ اسلام کا آفتاب عالم تاب آسمان دنیا پر طلوع ہوا۔ گذشتہ منظر نامہ میں جن حقوق کی وکالت کی گئی وہ سارے کے سارے اسلامی خواتین کو صدیوں پہلے سے حاصل ہیں۔ ہمیں اسلام کی روشن تاریخ میں اس کی مثال نہیں ملتی جس میں قانونی طور پر کسی بھی خاتون کو کو شادی کے بعد اپنا نام بدلنے اور شوہر کے نام کو اپنے نام کا جز بنانے پر مجبور کیا گیا ہو۔ مشہور اسلامی خواتین اپنے والد اور خاندان کے نام سے موسوم ہوتی رہیں اپنے شوہر کے نام سے نہیں—اسی طرح مسلم خواتین کو اپنے لئے پسندیدہ رشتے کے انتخاب کا حق بھی ۱۴ سو سال سے حاصل ہے—

چنانچہ جناب نبی کریم صلی اللہ علیہ وسلم کا ارشاد ہے کہ غیر شادی شدہ عورت (رشتے کے انتخاب کے سلسلے میں) اپنی ذات کی اپنے ولی کے مقابلے میں زیادہ حقدار ہیں۔ (مسلم شریف ۴۰۰)

ایک دوسری روایت میں ہے کہ ایک عورت نے رسول اکرم کے پاس آکر کہا کہ میرے والد نے میری ناپسندیدگی کے باوجود ایک شخص سے میرا نکاح کر دیا تو حضور اکرم نے فرمایا کہ تمہارا نکاح منعقد نہیں ہوا۔ جاؤ اور جس سے نکاح کرنا چاہو کر سکتی ہو (سنن سعید ابن منصور)

سوئز لینڈ کے نئے قانون میں شوہر کی واقعی آمدنی سے متعلق معلومات حاصل کرنے کا جو حق بیوی کو دیا گیا ہے اس میں بھی کوئی تجدد اور امتیاز نہیں ہے اس لئے کہ اسلامی خواتین کو شروع سے ہی نہ صرف یہ بلکہ اس سے اعلیٰ ترین حقوق حاصل ہیں۔ اس لیے کہ اسلامی شریعت میں بیوی پر مالیات کی فراہمی کی ذمہ داری سرے سے ہے ہی نہیں اس کے پاس جتنا بھی مال کیوں نہ ہو کوئی اس سے زبردستی مال کا مطالبہ نہیں کر سکتا ک بلکہ ہر حال میں اس کے شوہر کی ذمہ داری ہے کہ وہ اپنی بیوی پر خرچ کرے چنانچہ حضرت علی نے فرمایا کہ:

عورت کو کھانا دینے اور انھیں کپڑا دینے کی ذمہ داری شوہر پر ہے۔ رواج کے مطابق ایک صحابی نے سوال کیا کہ ہماری بیویوں کا ہم پر کیا حق ہے حضرت علی نے فرمایا جب تم کھاؤ تو انہیں بھی کھانا کھلاو جب تم کپڑا پہنو تو انھیں بھی پہناو اور اس کے چہرے پر طمانچہ مت مارو، (ابو داؤد ۲۹۱)

دیکھئے کہ تمام احادیث اور روایات و آیات قرآنی کے ذریعہ بات ثابت ہے کہ حقوق نسواں کا تحفظ جتنا اسلام نے کیا ہے اتنا دنیا کے کسی قانون نے نہیں کیا ہے لیکن وضاحت بھی ضروری ہے کہ اسلام کی نظر میں حقوق کا ایک اعلیٰ تصور ہے وہ عیاشی و فحاشی اور بے حیائی و بد اطواری کو قطعاً حقوق کے زمرے میں داخل نہیں کرتا بلکہ حجۃ الوداع کے آخری خطبہ میں حضور اکرم نے فرمایا کہ:

جس طرح تمہارے حقوق تمہاری بیویوں پر ہیں اسی طرح تمہارے اوپر بھی تمہاری بیویوں کے حقوق ہیں

ایک دوسری روایت ہے کہ حضرت علی نے فرمایا کہ عورتوں کی عزت وہی لوگ کرتے ہیں جو شریف ہیں اور عورتوں کی بے عزتی وہی لوگ کرتے ہیں جو کمینے ہوتے ہیں (ابن عساکر)

اس کی وضاحت اس حدیث سے ہوتی ہے کہ دنیا کی کوئی بھی چیز نیک بیوی سے بڑھ کر نہیں ہے بہر کیف آخیر میں میں یہ کہنا چاہتی ہوں کہ عورت ہر انسان کی ضرورت ہے۔ عورت کے بغیر انسان کی زندگی ادھوری ہے۔ صرف اس کی زندگی ادھوری نہیں رہتی بلکہ دین بھی ادھورا رہا جاتا ہے۔ اس لئے عورت کی حفاظت اس کی قدر اور تعظیم کرنا ضروری ہے اس کو عزت و احترام دینا ہمارا فریضہ ہے یہی حکم قرآن و اسلام ہے۔

* * *